二〇一三年在香港科技大學給學生講解文學（常成攝）

JPC
HK

特約編輯　王　飆
責任編輯　張艷玲
書籍設計　吳冠曼

書　　名　我的錯誤史（劉再復自傳之四）
著　　者　劉再復
出　　版　三聯書店（香港）有限公司
香港北角英皇道四九九號北角工業大廈二十樓
Joint Publishing (H.K.) Co., Ltd.
20/F., North Point Industrial Building,
499 King's Road, North Point, Hong Kong
香港發行　香港聯合書刊物流有限公司
香港新界大埔汀麗路三十六號三字樓
印　　刷　美雅印刷製本有限公司
香港九龍觀塘榮業街六號四樓A室
版　　次　二〇二〇年四月香港第一版第一次印刷
規　　格　三十二開（130 × 185 mm）一四四面
國際書號　ISBN 978-962-04-4598-9

我的錯誤史

劉再復自傳之四

劉再復

二〇一八年十一月二十九日在與作曲家盛宗亮對話《紅樓夢》的演講台上和長女劍梅合影（李佩樺攝）

二〇一五年五月十日在香港科技大學「五四之後的人文方向」討論會期間與哈佛大學講座教授王德威合影（李佩樺攝）

二〇一六年與好友李歐梵教授在香港科技大學合影（李佩樺攝）

二〇一九年三月與著名作家白先勇教授在香港科技大學對話《紅樓夢》（李佩樺攝）

二〇一九年五月與著名作家閻連科合影（李佩樺攝）

一九九三年，岳父陳英烈（右一）、岳母林清秀（左一）和我母親葉錦芳在香港合影。

目錄

自序

《我的错误史》自序

二〇一七年在香港科技大學人文社會科學學院講課（李佩樺攝）

柳鳴九先生主編「當代思想者自述叢書」，邀約我加入。答應之後，我才發現「自述」的條件並不成熟。因為通常「自述史」，總是迴避不了「生平史」，尤其是生平史中的關鍵性事件，例如我就迴避不了一九八九年政治風波那個舉世皆知的事件。在那個大事件中，我經歷過回國（從美國回到中國）、參與（儘管是被動參與）、逃離（經香港又逃亡到美國）、漂泊（到過四十多個國家）、反思。這段經歷，涉及很具體的歷史場景、歷史人物和自身的許多感受，甚至涉及今天我對那個事件的理性評價。

本書構思中，曾叩問過「自傳」是按主題分野形式分別寫出，還是按傳統的寫法編年自敘更好。想了想，覺得各有長處，試試吧，反正寫作就是試驗，不妨再試驗一次。於是，我就把「自述史」分解為「拚搏史」、「思想史」、「心靈史」、「錯誤史」、「寫作史」等五種，統稱為「五史自傳」。先完成「寫作史」以還債。其他各史留待以後再說。

不管怎麼寫，還是寫作態度最為重要。好在早已確定寫作應以說真話為本，真話雖然並非就是真理，但它卻是通向真理的前提。以往「說真話」是做人常識，現在則需要有些勇氣；「正直」本來是人的常態，現在則需要修煉才能抵達。這是時代的進步還是退步？當然是退步。寫作時，才明白對政府說真話難，而對朋友說真話也很難，甚至對自己的學生和子弟說真話也難。最後，覺得對自己說真話也不容易。在大時代的潮流中，自己固然當過「弄潮兒」，但也當過「隨波逐流者」；既當過「時代的先鋒」，也當過「時代的尾巴」；既有「知識」，也很「無知」。因此，「自傳」除了應當面對「主體的飛揚」之外，還應當面對「主體的黑暗」。也就是說，自己要對自己說真話，就必須戰勝自己的面子、自己的幼稚、自己的虛榮、自己的性格弱點等，所以也不是容易的事。

這部自述史，雖寫於美國，但全靠身在中國的表弟葉鴻基先生為我錄下文稿。因此，除了要感謝香港三聯負責人侯明兄、特約編輯王飆先生、責任編輯張艷玲小姐之外（沒有他們的鼓勵和支持，此稿不可能單獨問世），還要感謝葉鴻基表弟。

二〇一六年秋天，香港清水灣

前言

奧古斯丁、盧梭都把自傳寫成「懺悔錄」。談論自己的歷史，首先面對自己的錯誤，這是一種嚴肅對待人生的態度。我一再告訴自己的子弟（女兒與學生），人生確有可玩樂的一面——沒有遊戲，哪有生活？但也有很嚴肅的一面。人生的嚴肅性，除了「拚搏」之外，便是要對自己曾犯過的錯誤負責。回想自己的歷史，其中固然有成果，有光榮，但也有錯誤，有迷失。少小時代，我當然也有錯，但那是因為幼稚，並不傷害社會。到了青年時代，我的錯誤便對社會產生影響，實際上損害了社會。現在想想，覺得自己曾經多次參與了創造「錯誤的時代」，甚至參與了創造「罪惡的時代」（如文化大革命時代）。在錯誤系列中，有幾次是印象較為深刻的。現在書寫於下：

第一章

追捕麻雀的英雄式瘋狂

一九八七年在著名數學家陳景潤研究員的寓所與
陳景潤夫婦親切交談（陳菲亞攝）

一九五八年，我讀高二，那是我的錯誤接連發生的歲月。這之前的一年，國家發生了「反右」鬥爭（所謂反擊右派分子的政治運動），一次損害老師的荒唐行徑。我因為年僅十六歲，是中學生，沒有資格參加運動，躲過一劫。為此，我一直暗自慶幸。

一九五八年二月十二日，中共中央、國務院發佈「除四害」的指示：「除四害」是我們征服疾病與消滅危害人類的害蟲、害獸、害鳥的重要步驟，爭取十年內完成，而且完全可能提前完成。中央還號召各省市應當爭取成為「四無」省市，所謂「四無」，即一無老鼠，二無麻雀，三無蒼蠅，四無蚊子。

我那時才十六七歲，聽了傳達的中央指示，興奮不已，內心頓時燃燒起為民除害的火焰，而且比其他同學（他們不知道）多了一個英雄情結。在讀小學時，我曾被評為全校的「捕鼠英雄」，上交了七十八條老鼠尾巴。這回重點是抓麻雀，我應當成為捕雀英雄——捕雀運動一開始，我就萌生出這個雄心壯志。

二月中下旬，學校的廣播大喇叭從早到晚叫嚷着：全國已經開始了一場「除四害」的人民戰爭！我們的校長、副校長、團委書記「親自掛帥」，號召全體老師同學，立即投入「除四害」的人民戰爭之中。

一心想當英雄的我，回到家中，立即向外婆、媽媽「傳達」中央的指示，並說出自己的英雄抱負。我媽媽幾年前曾熱烈支持過我捕鼠，這回她又表示，一定要支持我再奪「光榮」，爭取讓我當個「捕雀英雄」。但外婆說，我們住在學校的「師村」裏，看不到麻雀，哪裏去捕？哪裏去抓？我雖然覺得外婆太老、太保守，可是自己也確實想不出辦法。前幾年捕鼠時，家中有無數老鼠上躥下跳，而且總是大膽地闖進穀倉，媽媽買了兩個老鼠夾，每天都可以俘虜一兩隻老鼠，那七十八條老鼠尾巴完全是媽媽使用老鼠夾這種「現代化武器」的功勞。這回面對的是麻雀，不知牠們躲在哪裏，根本就找不到，而且牠們有翅膀，會飛到天上，根本就抓不着。正在着急的時候，班主任宣佈，明、後天每一個同學都要準備好臉盆，我們學校的師生大隊伍要開到附近的鄉村裏去圍堵麻雀。於是，我便向外婆、媽媽要了一個臉盆，我相信，我會使勁地敲臉盆，讓麻雀嚇破膽子，一個一個掉落在我的面前。外婆捨不得給我新買的臉盆，媽媽則毫不猶豫地把新臉盆遞給我。「還要槌子！」我對着媽媽吆喝着，儼然像一個就要上陣的將軍。「抓麻雀要槌子嗎？」媽媽怯怯地問。

第二天上午，我們學校的隊伍浩浩蕩蕩地開往鼎誠村的小山坡，然後把隊伍撒開，形成「天羅地網」。大約九點時分，我先聽到哨子聲，然後聽到命令「快敲臉盆」，接着便是鑼鼓喧天。果然，我看到一群可憐的麻雀，從東飛向西，又從西飛向東。牠們想在哪裏落腳，哪裏就有臉盆齊鳴，呼聲雷動。有幾隻嚇破膽的麻雀，竟然往我們四班二組的高地上飛，把我興奮得連蹦帶跳，使出渾身力氣，猛敲媽媽給我的嶄新的臉盆。那一刻，我唯一的期待，就是會有一隻或多隻麻雀撞死在我的面前，可是，敲了半天，還是一無所獲。麻雀個個是機靈鬼，根本不入我們的圈套。圍攻了三個小時之後，我們的年級主任吹哨子集合，說今天上午還是戰果輝煌，有兩隻麻雀因為太疲勞，跌落在山那邊的石縫裏，高三畢業班的同學已經把牠們逮住了。主任還指示說，今天我們打的是大兵團包圍戰，明天要打游擊戰。同學們可以各自為戰，請注意，抓到麻雀後要砍斷牠們的雙腳，用紙包好，交給你們的班主任。我聽明白了，各自為戰，就是要自己去掏鳥窩。回家後我就向外婆和媽媽要了梯子，然後扛着梯子到附近的村莊去找鳥窩。可是我仍然一無所獲。從二月份折騰到六月份，很快就迎來了暑假，班主任佈置的「暑假作業」，居然有麻雀腳五雙。暑假本是聚精會神讀書的好時光，結果，這五雙麻雀腳老是擾亂我的心思。而望子成龍的媽媽，更是焦慮不安，每次回家都問我有沒有抓到麻雀。有一次，我竟然生氣而遷怒於她：「誰讓你搬到這小師村裏來住？！這裏哪有麻雀？連麻雀影子也看不見。」媽媽着急了，竟然到附近小鎮上的肉舖去看有沒有出售麻雀腿的。

讓媽媽高興的是，暑假學校舉辦的「除四害」訓練班，還讓我參加，據說也是因為我過去曾有個「捕鼠英雄」的光榮紀錄。訓練班只辦一天。學校發的材料中有一篇安徽巢湖市的「除四害」先進事蹟，這份材料記載：從一九五二年至一九五七年，巢湖市的一位名叫顧友昌的工人，在五年裏竟然捕獲老鼠兩萬六千多隻，麻雀四千七百多隻，挖掘蒼蠅蛹二十五斤零十兩（小兩，一斤等於十六兩）。也就是說，他平均一天抓捕麻雀達到十三隻。我看到這份材料後，對這位顧模範佩服得五體投地。他何止是「英雄」，簡直是神仙！還有一個讓我難忘的事蹟是，成都的「郫縣」——因為這個「郫」字我不知道怎麼讀，問過老師，所以記得特別清楚——十萬人歷時三天，竟然消滅了上百隻萬麻雀。此縣有個鄉的黨委書記，還組織了火槍團麻雀隊進行圍剿，成果非凡。更讓我激動的是，有些地區的部隊還出動摩托車進行偵查。此次培訓，我給外婆與母親帶來兩個名人的好消息，一是北京已成立了「首都圍剿麻雀總指揮部」，副市長王昆侖親自擔任剿雀總指揮；二是我崇拜的詩人郭沫若，作了一首《咒麻雀》詩。詩的全文如下：

麻雀麻雀氣太官，天垮下來你不管。
麻雀麻雀氣太闊，吃起米來如風颳。
麻雀麻雀氣太暮，光是偷懶沒事做。

麻雀麻雀氣太驕，雖有翅膀飛不高。
麻雀麻雀氣太傲，既怕紅來又怕鬧。
你真是個混蛋鳥，五氣俱全到處跳。
犯下罪惡幾千年，今天和你總清算。
毒打轟掏齊進攻，最後方使烈火烘。
連同武器齊燒空，四害俱無天下同。

我把郭老的詩唸給外婆和媽媽聽，媽媽竟說：寫得不怎樣。外婆說，姓郭的要我們把武器「齊燒空」，那還怎麼「除四害」？還說，我給你使用的新臉盆可別燒壞了。我立即批評外婆說，應當全面地理解郭老的詩句，他說天下大同，您知道什麼叫「天下大同」嗎？不知道為什麼，抓捕麻雀的運動後來銷聲匿跡了，但我摧殘小生命的記錄卻永遠留在心裏。後來，我在回顧年輕時代的生活時，總是念念不忘這段追捕麻雀的瘋狂。我覺得，以恐嚇和摧殘小生命為樂的「惡」是從捕雀開始的。

第二章

砍伐樹林的奴才式病態

一九九三年在美國科羅拉多大學東亞系的台階上，全家與獲得碩士學位的劍梅（長女）、黃剛合影（從前到後：妻子陳菲亞、劉再復、劍梅、黃剛、次女劉蓮）。

也是一九五八年，也是大躍進歲月，也是高二年級的小青年時代，我既在年初（二月）犯了追捕麻雀的英雄式的瘋狂，又在暑假犯了奴隸式的瘋狂。那一年，所有的中國人都是詩人，也都是狂人；那一年，中國人個個講大話，個個大冒進。我雖然還是一個中學生，但也整天唸着「天上沒有玉皇，地上沒有龍王，我就是玉皇，我就是龍王。」開始唸時，覺得詩有氣概，有想像力；唸多了，天天唸，時時唸，則造成一種錯覺，覺得自己真是玉皇，真是龍王，可以為所欲為。當時「三面紅旗」高高飄揚，「趕英超美」的口號響徹雲霄，社會上到處都在「放衛星」，畝產萬斤、十萬斤，黨在吹牛，農民在吹牛，科學家也在吹牛。學校和社會沒有距離，課堂裏也彌漫着大話、謊話。學生們偶爾也要下鄉，把快成熟的水稻從那塊地移到這塊地，集中到一畝田上，等會兒記者要來拍照。我們幫助農民造假，自己也開始學會造假。但那個時候的學校，參與國家大事主要還是「大煉鋼鐵」。「今年一定要練成一千〇七十萬噸鋼！」數字多麼具體，數字多麼動人！一千〇七十萬，偉大的數字！光榮的數字！正確的數字！中國人要爭氣，要爭一千〇七十萬的氣。我早已熟讀奧斯特洛夫斯基的長篇小說《鋼鐵是怎樣煉成的》，知道「鋼鐵」全是苦煉而成的。不怕苦，不怕累，不怕死，就是要煉成一千〇七十萬噸。我們每個同學天天聽動員，聽得腦子滿了，血液漲了，心胸燃燒了。我一直想着好好表現一下，想多做貢獻。按照自己的貢獻計劃，第一步是要把家裏可供煉鐵的東西貢獻出來，我束手無策，只能又去找外婆與媽媽幫忙。這回又把她們緊張壞了。媽媽說，上一回你拿去抓麻雀的新臉盆沒有拿回來，這一回沒什麼可讓你去「煉」的了。但我外婆聰明，她竟然想到我們家有一杆秤，那秤砣就是一塊結結實實的鋼鐵材料。一聽外婆說，我高興地立即抱住外婆，連說：「這秤砣足有半斤重，我們就獻給趕英超美的鋼鐵事業吧！」媽媽在一旁嘮叨着：「我們家裏只有這麼一杆秤。」我立即批評她：「怎麼連外婆的覺悟都比不上！」

我們高中部的每一個班都有一個小高爐，我捧着秤砣交給班主任，他兼任「爐長」。接到我的秤砣後，他沒有把秤砣立即扔進爐裏，而是高高地舉起秤砣對同學們說：「看，再復同學貢獻的秤砣，我現在就把它投入火熱的熔爐中。」

那一瞬間，我又想起《鋼鐵是怎樣煉成的》，並湧起一個靈感，覺得「鋼鐵就是這些秤砣，不怕犧牲而投入高爐之中，我就是一顆鐵秤砣。」想到這裏，我熱淚盈眶，連爐中那熊熊的火焰都變得模糊了。

在大煉鋼鐵的熱潮中，學校在小高爐群中間，立了一根木頭柱子，掛着一個大喇叭，整天叫喚不停，從早到晚重複着「大躍進萬歲」、「趕英超美」、「為一千〇七十萬噸奮鬥」的激昂語言。有一天晚上，喇叭停了，廣播站宣佈，馬上要轉播縣委書記安書記的動員講話，那是向全縣所有的人民，特別是身在大煉鋼鐵第一線的「戰士」們的講話。我一邊拉着風箱，一邊側耳傾聽書記的話，句句如同重槌，打在我的心鼓上。安書記說：「我們縣大煉鋼鐵的形勢大好，已經超額完成任務了。現在的主要問題是缺少煤炭。我們不能伸手向國家要煤要炭，要自力更生。因此，縣委決定在全縣實行三光政策，要把山上山下的樹木全部砍光、燒光、用光，保證爐火不斷，出鐵不斷。」安書記講到「三光政策」時，高爐群裏響起一片歡呼聲。我不敢放下拉風箱的手，但心裏想着「三光政策」起源於日本帝國主義。

根據安書記的講話精神，我們學校立即意識到，當前的「主要矛盾」是缺少木炭，也就是高爐吃不飽，燃料不夠。現在有安書記的許可，可以上山砍柴了。於是，我聽到大喇叭叫道：指揮部決定，今天晚上所有高中的同學都要上山砍樹。還說，砍了樹先送到燒炭大隊。我們的班主任聽了命令之後，立即作了調遣，有些同學留守高爐，有些同學立即上山。我被分配到上山砍樹突擊隊，並立即集合出發。我不習慣走夜路，在上山的路上，摔了好幾跤，幸而有同學伸出的手臂拉我起來。到了一座小山坡上，我只聽到一聲：「戰鬥開始了！」然後就拚命地砍倒眼前的小松樹，一棵接一棵。那樹幹只有甘蔗那麼粗。那一刻，只能想到一千〇七十萬，趕英超美，哪能想到別的。沙沙沙，沙沙沙，我聽到一片砍伐的響聲。後來，我意識到，我們這數百名學生就像一群大螞蟻，一個晚上就吃光了一大片樹林。第二天清晨，我看到那座山變得光禿禿的。文革結束後，此事已過了十幾年，但我仍然耿耿於懷，寫了好幾首自責的散文詩。例如：

忘不了那個幽黑的夜晚

忘不了那個幽黑的夜晚，我們帶着一個神聖的使命，去砍伐故鄉南山上那一片小松樹。

在夜的幽光裏，我們像一群饑餓的螞蟻，刷刷刷地吃光了一座山林。為了土高爐裏的火焰，我咬着牙，無情地砍殺，竟不敢細想那些曾經閃過的落伍的念頭：砍得對嗎？小松樹多青翠呵，松濤的歌聲多柔美呵。和我生長在同一個故鄉的小松林，就像我的無名的弟兄，無名的姐妹。

記得第二天清晨，我第一眼看到南山的時候，簡直嚇呆了：那一片翠盈盈的山色蕩然無存了，只剩下洗劫後的一片荒亂，像個被剝光了衣服的裸體的孩子。一種罪惡感突然在我心中升起：我也是一個洗劫者呵。

許多年過去了，雙腳又走過很多路了。但總忘不了那個幽黑的夜晚，那個參與砍伐故鄉青春的夜晚。多麼幽黑多麼漫長的夜晚呵。

故鄉呵，原諒我吧，當南山那一片松林重新橫翠的時候，當青春重新彌漫你秀麗山坡的時候，請通知我，好讓那沉重的夜晚能從我的心中消失。多沉重的夜晚呵，把我壓得這麼久的夜晚。

對於這段日夜不息的瘋狂，我衷心地感到錯誤，覺得自己對不起家鄉，對不起家鄉的山林、土地。八十年代初，我所寫的懺悔詩篇，都與此有關。這是寫實的作品，記錄了生命的一個重要瞬間。還有一首曾得到美國康奈爾大學Nick（中文名安敏軒）教授欣賞的一首散文詩，也是想到那個黝黑的夜晚。這首散文詩是：

假如我設置一個地獄

假如我設置一個地獄，那我將首先放進我自己。

當我剛剛踏進生活，生活就欺騙了我，而我也迎合了荒唐的生活。

在那動盪的日子，我的靈魂隨風飄蕩，軀殼隨人奔波。搖擺着軟弱的手和軟弱的頭，扭曲了書生正直的性格，高喊着空洞的口號，助長着母親的苦痛，大地的貧窮，人性的懶惰。使歡笑更少，眼淚更多。

我知道我的荒唐僅僅由於幼稚——馬克思最能原諒的弱點。但在那個古怪的年代裏，地上充滿着古怪的戰爭。幼稚變成古怪的炮灰。給仁慈的母親造成了傷口。

我不寬恕自己，但也不再把自己凌辱。我把幼稚放在自己設置的地獄裏，在自己製造的地火與岩漿中煎烤，讓幼稚在煎烤中成熟，讓靈魂在冶煉中昇華，並找到切實的天堂——為人類的富足、歡笑而獻身的地方。

一九五八年瘋狂之後，一九五九年我被錄取在廈門大學中文系。入學之前，我從梅山（國光中學所在地）回到碼頭劉林，我的出生地。回到家園之後，才發現家鄉面目全非，我家屋後的一片千年大榕樹全被砍光了，那是我童年的天堂，我的靈感全是這一片森林賜予的。此次回鄉，本來是想向叔伯兄弟告喜：我就要成為一個大學生了。沒想到，一進屋，就聽到一個驚人的消息：和我們家同住一座房屋的「富翁伯伯」死了。「是去年公社派人來砍屋後大樹時，他氣憤而吊在一棵榕樹上死的。」堂哥劉炳惠告知我這個消息時，開始我不敢相信，接着就放聲大哭。富翁伯伯，多好的一個農民呵。他除了在農田裏和山坳裏幹活，什麼地方也沒有去過。這個本分的莊稼人，渾身都是力氣，據說還拿過全村「挑重」比賽的冠軍。他起早摸黑，只幹活，不說話。我天天看到他在忙了一天之後，坐在靠椅上，看到我，總是給我一臉質樸的微笑。在我心目中，他就是家鄉，就是土地，就是莊稼。他不識字，也不懂得政治，無論是對國民黨還是對共產黨，他都逆來順受，準時交公糧，一粒穀子不少，也不摻假。他有三個女兒，兩個兒子，一家七口，他死了怎麼辦？他怎麼會吊死呢？我追問堂哥。老實的堂哥說：「我們屋後的那些大榕樹，每一棵都連着一個人的命。他不讓公社砍那棵連着他的命的樹，但他們硬是砍了，他就在那棵樹上吊死了。」那會兒我才明白，我的家鄉和我的學校一樣，去年也進入了大煉鋼鐵的瘋狂，我家屋後的大樹林也全都化作木炭了。一進家門就聽到這麼個悲痛的消息，我受不了，當天就返回我的住處梅山鎮，一路所想全是富翁伯伯的死亡。此事對我刺激太大，在廈門，在北京，在海外，伯伯陰魂始終不散，凝聚在我的心裏。所以，出國後的第二年，我又傾吐了一回，寫下了散文詩《故鄉大森林的輓歌》。據說，悉尼大學的一位教授還把它譯為英文，編入教材。但榮譽補救不了我的悲傷。詩中我把自己和「我們這一代人」狠狠地咒罵了一頓。

故鄉大森林的輓歌

一

記憶被滄海切斷了。
記憶被染上了波濤的墨綠色。
然而，記憶還在記憶。
又記起故鄉已經消失的大森林，在滄海那邊，曾經也像波濤一樣洶湧過生命的大森林。

那一片原始大森林，那一片坐落在家鄉黃土高坡上的榕樹群與松樹群，已存活過許多年代，至少吞吐過五個煊赫一時的王朝。然而，它卻在這個世紀的一個歷史瞬間消失了。一大片鬱鬱葱葱的生命，就被砍殺在我們這一代人手裏。我自己正是一個瘋瘋癲癲的砍殺者。

我們這一代，人生伴隨着貧窮與恐懼，也伴隨着野蠻與瘋狂。我們這一代，狂妄，好鬥，嗜殺，充滿錯誤，罪行累累。每個人的心中都藏着一部罪惡錄，那裏有別人留下的傷痕，也有自己給別人留下的傷痕。

可是，我要為我的同一代人辯護，因為我們吃進去的精神食糧，不僅粗糙，而且全是帶着火藥味的僵硬詞句，渾身都帶着語言的病毒。鉛字是有毒的。而我們的腸胃卻裝滿鉛字帶毒的概念，概念在體內膨脹，口號在脈管裏燃燒，沒有砍殺的宣泄，我們就會悶死。

二

那一年，那是喧囂與騷動的一九五八。

那一年，所有的公民都變成詩人、革命家和瘋狂的紅螞蟻。

那一年，到處是戰歌、紅旗、高爐、烽煙和螞蟻的沙沙聲。

我也是一隻扛着紅旗唱着戰歌的瘋狂的紅螞蟻，瘦得皮包骨的紅螞蟻。

我和我的螞蟻弟兄們瘋狂地爬到山上，左砍右伐，幾個白天和幾個夜晚就吃掉故鄉的全部小松林。

我還朗讀着革命詩人郭沫若《向地球開戰》的詩句，煽動着已經暈眩的兄弟，助長了正在傳染的精神浮腫病。我忘記老詩人在青年時代還有「地球，我的母親」的呼喚。忘記整個人類只有一個共同的母親，只有一個共同的生命存放之所。忘記她是我們唯一的根，我們唯一的源，我們不能向她開戰。那一瞬間，我們真的瘋了！

在山野裏，我們傾聽着縣委書記在擴音喇叭裏的廣播演說，那是戰爭的動員。他說，為了煉出一千〇七十萬噸鋼，我們要把全縣的樹木砍光、燒光、用光。我們為書記歡呼。呼聲驚了連綿的群山和彷徨的河谷。

我們這些中學生只是執行「三光」政策的砍殺小松樹的小螞蟻。而大螞蟻大力士們則一舉砍光了我故鄉的那一片大森林。

這個世紀真是神經病的世紀。所有的人都嗜好砍伐，嗜好洗劫，嗜好造反，嗜好踐踏生命，人人都變成瘋狂的紅螞蟻，在用筆墨批判無端的「白旗」之後又用斧頭去批判無辜的青山綠樹。

從那一年起，故鄉的小樹林與大森林就在高爐裏和我的心裏凝成一塊一塊廢鐵，於是，我的心中開始沸騰起熾熱的血腥的歌聲。

紅螞蟻雖有鐵甲，但沒有靈魂。靈魂在剝奪大森林之前就被剝奪了。被剝奪者成了兇惡的剝奪者。沒有靈魂的紅螞蟻橫掃一切。到處是紅旗與紅海洋，到處是紅袖章與紅歌曲，到處是紅與黑的轉換，到處是激情燃燒的瘋人院。

記起古希臘的一個神話，說是天神送來的一個夢。為了實現這個夢，兩個城邦國家進行了戰爭。螞蟻雖然沒有靈魂，但也有天神送來的夢，夢裏展示着未知的輝煌的天堂。為了實現天堂的偉大目的，一切黑暗手段都是合理的。掠奪與剝奪，掃蕩與侵略，奴役他人與自我奴役，都是天然合理的。為了這個夢，什麼都可以做，一切砍伐都天經地義，一切浩劫都符合經典，把大森林化作廢墟也是偉大的凱旋。渺小的螞蟻與偉大的戰士沒有界線，崇高與殘忍沒有界線。故鄉的大森林無處伸冤。故鄉被踐踏的青山綠水無處伸冤。

三

不敢想像父老兄弟沒有那一片大森林，該怎麼活。幾乎被貧窮吸乾了生命的父老兄弟，吃着三餐稀飯，住着蛇蠍可以任意出入的小土屋，一代代在南方的炎陽下曝曬，唯一的避難所就是大森林。我的滿身汗水的祖先，如果沒有這些大森林，早就被燒焦了。

走不出鄉土的兄弟姐妹都是一些被尼采稱作「末人」的農民，他們不知道什麼是愛什麼是創造什麼是期待什麼是星球。他們口裏唸着革命詞句但不知道什麼是革命，他們心裏想着高樓大廈但不知道什麼是高樓大廈。我是從「末人」中奔闖出來而完成了人的進化的幸運兒。但我深深地愛着我的鄉親，因為我和他們一起像烙餅似地被故鄉的烈日煎烤過十幾個年頭。

他們雖然麻木，但對於煎烤的感覺還是有的。他們酷愛這片大森林，知道要在貧窮中存活，是需要大森林的愛護的。因此，當人們在說階級鬥爭是生命線的時候，他們總是固執地相信唯有這片大森林才是生命線。於是，當砍伐大軍以「三面紅旗」的名義開始消滅這片大森林時，我的一個貧窮的而名字偏叫「富翁」的伯伯赤手空拳地抗議，之後就吊死在一棵倖存的榕樹上。這是一個真實的、可以經得起社會學家考證的故事，我的鄉親就是一些可以為大森林而死的人群，雖然貧窮，但並不缺少勇敢。

三十多年過去，此刻格外想念死去的大伯，也是此刻，我才更了解他的「死諫」的意義。我的大伯像泥土一樣質樸，也像泥土一樣永遠沉默。但他的行為語言卻表明他有聰慧的內心，在他的潛意識裏有一盞明亮的燈。他比誰都明白，大森林的死亡，意味着故鄉的沉淪。從此之後，故鄉將喪失生機，喪失靈魂，喪失綠色的金字塔。

我知道我的鄉親只是爭取一種可憐的權利，那就是喘息的權力。沒有樹蔭，他們就無處喘息，生命就會在烈日下蒸發掉血和水分。

我的富翁伯伯，呵！您和大森林同歸於盡，因為您太愛我們的家鄉。您是一個為爭取喘息權而獻身的偉大莊稼漢。

四

故鄉大森林中的每一棵老樹都有一篇動人的故事。高達數丈數十丈的巨松與巨榕曾使我的童年充滿想像力。很少人知道，故鄉大森林是我的第一部童話與神話。我的閱讀與寫作正是從大森林的壯闊開始的。不是課桌，不是詞語，而是大森林浪濤的呼嘯與沉吟，為我打開詩歌的第一頁。我從小就知道，大森林的音樂來自天空的深處和歷史的深處，它那些如同開天闢地時混沌的響聲，一直給我取之不盡的靈感。

我在青年時代對着來自城市的高傲的同學，也有自己一副農家子的驕傲。這就因為我從小就生活在神話中，那不是化石般的神話，而是滄海般滾動着生命活力的神話。樹上的鳥啼，使我熱愛黎明與音樂；樹下的虎吟，在我生命中注入了豪邁；而大森林的歷史，又在我的心靈深處積澱了中華大地的輝煌底蘊。

一個生於偏遠鄉村的農家子，學會讀書和著述，就因為有家鄉參天巨木的啟蒙。每次寫作，大森林就會搖動我的手臂，我的文章就會灌滿大地的元氣，這是我的書寫的秘密，我的心靈的孤本。然而，我從來不告訴老師。我知道他們一定會笑我荒唐，一定會認為我違背寫作法則。其實，寫作時總要反抗法則。詩法應是大森林的自然之法和無法之法。我知道定義與概念全是陷阱，我不會把故鄉大森林賦予我的性靈葬送在陷阱之中。現在我也製造理論，但製造理論僅僅是為了反抗理論和超越理論。我不知道這個製造紅螞蟻的世界，從什麼時候開始，把學院生產的法則抬得那麼高，還製造了那麼多籠中詩人與套中作家，他們只會在乾枯的概念中呼吸，唱出來的歌，遠不如故鄉大森林中的喜鵲與貓頭鷹。

記得葡萄牙詩人畢索阿說過：人是兩種存在狀態的交織。人曾是夢幻的存在，那是孩提時代的真實存在。後來人變成了現實存在，那是由外表、言說、權勢打扮起來的虛假存在。我要為畢索阿的真理作證：故鄉的大森林使我的夢幻存在成為可能，也使我的詩意棲居成為可能。我要記住大森林的呼告，繼續展開夢幻，繼續尋找詩意的生活。

然而，當我懷念那一片森林和那一群青山的時候，被緬懷者已經死亡。大森林沒有墳，死得無影無蹤。自從知道她們死亡之後，我變得呆板、愚蠢得多。我幾乎可以感覺到這種歷經數十年光陰的呆板和愚蠢，如今，當我在異邦的青草青樹面前恢復關於那一片大森林的記憶之後，才覺得那一片大森林是我靈魂的一角，變得呆板和愚蠢就因為我的靈魂缺了一個角。我其實是一個靈魂的殘缺者。

我真不喜歡人們稱讚我的呆板與愚蠢，把殘疾者當作完人加以謳歌決不會使殘疾者舒服。聽到頌揚呆板與愚蠢的歌聲時，我的心裏就升起悲愴的歌聲，他們謳歌傻子和老黃牛，其實是想讓我總是愚蠢而馴服地讓他們牽着鼻子走。

我已聽夠了讚歌，聽夠了無數天之子和地之子的讚歌。我討厭那些坐着唱讚歌和站着唱讚歌的詩人，特別是討厭那些跪着趴着唱讚歌的詩人。他們早已滿頭白髮，還老是裝着小孩的模樣唱着酸溜溜的頌歌，我真受不了這些沒完沒了的酸歌。當然，我更不能忍受歌頌砍殺大森林和砍殺小孩子的戰歌。我寧願聽輓歌，我現在寫的就是大森林的輓歌，我的青山綠樹和我的清溪綠水的輓歌。

五

到海外兩年了。儘管生活在真誠朋友的包圍之中，但是仍然感到孤獨，總是放不下故國那一片黃土地和那一片消失了的大森林。

在故鄉的黃土地上，我就覺得根扎得太深也太多，以至於把我纏得喘不過氣，那時，我覺得自己是個重人，為了從太多的根鬚中解脫，我不斷掙扎。艱辛的掙扎幾乎耗盡生命的能量。如今，我浪跡四方，又覺得自己沒有根，生命彷彿在雲空中飄動，此時，我又覺得自己變成了一個輕人。

時間真可以改變一切，包括改變沉重，我開始沉醉於很輕很輕的小草，沉醉於無所不在的草地。我相信每一棵小草，都是造物主的一筆一畫。這些草地就在校園裏，就在街道兩旁。很奇怪，這些草地神奇地化解了我的孤獨與寂寞，使我獲得壓倒一切的安靜。也許因為嗜好形而上的冥想，貪婪於精神上的追求，所以常常感到現代社會的乏味，然而，在乏味感中，我卻發現了草地、森林與湖泊。我相信，唯有草地、森林與湖泊，能夠拯救我殘缺的靈魂。碧溶溶的草地真是一面鏡子，由於它，我才發現自己曾經是瘋狂的紅螞蟻；也是由於它，我才發現自己的生命更換了一種顏色，是綠色，而不是螞蟻和旗幟上那種紅顏色。我的生活要求是那麼簡單，只要有窗內的鹽和麵包，還有窗外的綠色，就能生活得很好。

然而，我已經永遠失去故鄉那一片大森林。生命不能複製。如同人生只有一次，大森林的壯闊不會出現第二回。異邦的森林固然很多，但不能賦予我生命的元氣與奇氣，不能像故鄉的那一片大森林，每一片葉子都與我相關。我相信，這顆星球上再也不會生長出我故鄉的那一片大森林。一種有價值的生命毀滅之後，是永遠不可彌補與不可替代的。死的永遠死了，消失的永遠消失了，我的生命只能留下永恆的空缺。那條青溪，那群青山，那一片大森林，那些遙遠的夢幻，只能閃現在我的空缺的記憶裏，催生我的這一首輓歌。

（寫於一九九一年夏天）

病態地砍伐樹林，是我們這一代人的「共同犯罪」。砍伐後我們的雙手沒有鮮血，但有刀痕。我對着刀痕想了幾十年，始終不能原諒自己的錯誤。

第三章

參與體育「勞衛制」的弄虛作假

二〇〇六年在台中東海大學擔任講座教授時給學生講課

一九五八年五、六月，我上高中二年級的時候，「奪紅旗」、「放衛星」的旋風已席捲全國。天天聽到的是「多快好省地建設社會主義」的呼聲，看到的是「畝產超萬斤」的消息。我們的學校並未與社會保持距離，而是同社會一起興奮，一起頭腦發熱，也在想方設法「放衛星」。我們班想放的是體育上全班通過「勞衛制」二級標準的衛星。「勞衛制」這個名稱，出處是蘇聯，是「準備勞動與保衛祖國體育制度」的簡稱。勞衛制一九三一年三月由蘇聯列寧共青團提出，蘇聯部長會議頒佈。這一制度雖是蘇聯所創，但五十年代的中國卻普遍加以推行。勞衛制分為三級：少年級，一級，二級。前兩級標準比較低，容易通過；二級標準很高，通過之後便成了體育運動員了。我記得自己在初中時通過了少年級，但成績全忘了。這回我們班立了雄心壯志，要全部通過二級，因為我們班有一半同學是來自東南亞各國的僑生，體質較好，確有條件奪標。但二級標準太高，其中有些項目，如拳擊、游泳、跳高、跳遠等，我是永遠無法企及的。好在只要有一項達標就可以了，所以我選擇了我唯一可以勉強一試的「跑步」去努力爭取。跑步有一百米、四百米之分，我選擇了百米跑。體育老師說，我的百米跑成績一直在十八秒上徘徊，而勞衛制二級的百米跑標準是十四秒。要在半年裏進步四秒，幾乎不可能。我們班的班主任可能也知道這個情況，所以把我定為「死角」和重點幫助對象。而我為了不拖全班的後腿，也慷慨激昂地表態：為了保衛祖國，我一定起早摸黑地鍛煉、跑步，力爭在半年內達到「十四秒的目標」。

因為我屬重點幫助對象，所以除了體育老師親自傳授幾項跑步「技巧」之外，班主任老師還親自做我的思想工作。老師一再說明：你必須拿出最大的決心和最大的氣力，絕對不可拖全班的後腿。我也表示：「我知道同學們把我視為死角，我要奮發圖強，把自己變成活角，實現突飛猛進，特別要牢記『鼓足幹勁、力爭上游，多快好省地建設社會主義』的總路線精神。」於是，我天天都很早起床，天剛濛濛亮就開始跑步。體育老師也起得很早，他口裏吹着哨子，手裏拿着秒錶，一次又一次地為我測試跑步成績。但是不管我怎麼使勁跑，也總是在十七秒五左右徘徊，要提高零點五秒都很難，跑了整整兩個月，還是十七秒五。

六月到來時，全班師生都為我着急。那時，每個同學都找到一個項目達標了，唯有我還是落後，還是死角。班主任很和藹，他在班裏說：再復同學的精神是不錯的，但成績距離達標還是比較遠。過了不久，我聽說，要對我採取一些特別的措施。我私下想：是不是要把我送到外地？

沒想到，班主任決定讓我最好的朋友鼎祥陪我鍛煉，為我測試跑步成績。鼎祥雖然眼睛不好，但極為聰明，一下子就領會了班主任的意圖。一個星期之後，他竟然對我說：放心跑吧，肯定可以通過，老師已想到辦法了，好辦法就在我手裏。他詭秘地笑笑，拿着秒錶在我眼前晃了晃。我知道全班的老師同學都在為我着急，更是坐不住了。我發覺，老師同學們開始用異樣的眼光看我，「落後分子」的意識開始進入我的生活。我感到自己太不爭氣，低人一等。可是，儘管日夜鍛煉，還是長進不了。有一天，體育老師傳授我新的跑步技巧，要我跑步時屏住呼吸，雙臂加速擺動，以增加前進的推動力。我按照老師的示範，雙臂拚命擺動，但不僅沒有「進步」，反而「退步」了。到了此時，班主任老師開始對我絕望了。據我最親密的同學告訴我，老師同學個個為我着急，有人甚至用「不可救藥」這個詞來形容我。為了排除死角，即排除拖後腿的落後分子，據說他正在想法採取「措施」。什麼措施，我不知道，但曾想到，莫非讓我騎上駿馬飛奔一陣？想到這裏，覺得學生生活真美，大躍進真美！

又過了半個月，班主任說，我們班爭取勞衛制紅旗的決戰開始了，統統到達操場上去，進行最後的考核。我被老師安排在百米跑的起點上。老師叮囑：儘管跑，這次由鼎祥同學為你按錶。我拚盡全部氣力跑下了一百米，鼎祥告訴班主任，測試成績發生了「躍進」，達到十四秒二秒——我通過勞衛制二級標準了！

我不敢相信自己的耳朵，也不敢相信自己就這樣創造了奇蹟，這何止是突飛猛進？我問鼎祥：我怎麼一下子跑得這麼快？我的大躍進怎麼這麼快就實現了？鼎祥把我叫到一旁，悄悄告訴我：這是老師安排的，讓我在你跑一段後再按秒錶，你跑了二十米我才按錶，錶上的讀數就是十四秒二。這回你過二級了，我們班也奪了紅旗。千萬不要把這個秘密說出去。

我聽了之後又激動又慚愧，完全不知所措！鼎祥向班主任老師彙報成績之後，他眉開眼笑地跑過來抓住我的手，祝賀我的大躍進，祝賀我為班級爭氣，為學校爭光。我想對老師說，我沒跑得這麼快，是我跑了二十米後鼎祥才按的錶，但終於沒說出口。就這樣，我糊裏糊塗地承認了自己的高速度！自己的破紀錄！自己的奇蹟！

我「通過」勞衛制二級標準後，班主任給我們全班同學頒發了勞衛制二級證章。獎章設計得很美，但對着獎章，我想到這枚獎章並不真實，內心產生的羞愧壓倒了榮譽的歡樂。一直壓了幾十年。

第四章

為愛人書寫入黨申請書的荒唐批判

二〇一一年在捷克布拉格卡夫卡寓所紀念室前留影

在我個人的負面歷史上，有一個錯誤貫穿我的第一人生，而且總是讓我難以釋懷，這就是三次為我愛人陳菲亞代筆書寫入黨申請書。

我們這一代人，天然對共產黨懷有好感，而且都以加入共產黨為榮。一旦入了黨，那就說明，你的出身、表現、立場都沒有問題，人們就會對你刮目相看。年輕的時候，我們並不知道入黨意味着可以當官，意味着前程無量。菲亞很單純，也沒有這種動機，只是覺得入黨光榮，入黨便可成為革命隊伍中的一員。

菲亞和我在南安成功中學讀初三年時，一起加入了新民主主義青年團（後來改名為「共青團」）。入團時十五歲，入團後她又繼續要求「進步」。一九五九年我們一起到了廈門，我進了廈門大學中文系，她進了廈門師專地理系。她的學校在鼓浪嶼，我們雖然有一水之隔，但還是常來常往。鼓浪嶼是一個極為乾淨、極為寧靜的小島，非常可愛，我每次坐輪渡抵達時都非常愉快。與菲亞見面時，她總是表達她想入黨的願望。她心目中有兩個榜樣，一個是她舅舅（林福民），一個是她阿姨（林清華）。這兩位親者所以會成為她的榜樣，乃是因為他們都是共產黨員。因為有這兩位長者在前，所以她的努力方向就非常明確。我在廈大中文系讀書，從二年級開始就當上團支部書記，政治條件比她好，但我沒有入黨的熱情。原因是我太愛面子，怕入黨時會被大家批判揭發一場。

菲亞想入黨，可是只靠社會關係中的兩塊金牌是不夠的，重要的是家庭出身。她的家庭成分是「職員」，但她的父親、我的岳父陳英烈（我初中時的生物老師兼體育老師）在一九四三年抗日戰爭時期，被集體「登記」，填寫了加入國民黨的表格，雖然從未交過黨費，並於一九四七年又集體「退黨」，但總算是一個「歷史」問題。菲亞申請入黨時，必須交代這個問題，這是她入黨的一個巨大障礙。還有一個障礙是她的叔叔，即她父親的弟弟陳英才。陳英才因被國民黨追捕而逃往台灣，據菲亞所在單位人事處說，逃台之後他還叛變了。雖無從查考，但人們「談虎色變」，說一個「共產黨員」跑到台灣，竟然還能活下來，不叛變怎麼活？因此，這個叔叔又給菲亞帶來兩個問題：一是家庭背景中有一個

「叛徒」，二是家庭背景還有一個可怕的「台灣關係」。菲亞在廈門師專時開始申請入黨，沒有得到積極回應，她知道是家庭問題在起作用。廈門師專讀兩年就可以畢業，畢業後一般都分配到中學當教員。為了入黨，她主動要求「到黨最需要的困難地方去」，於是，黨接受她的要求，把她這個年僅二十歲的女青年，分配到人煙稀少的閩西山區的連城三中擔任教師。那時我的思想也很進步，充分理解她的政治熱情，但是從個人的利益考慮，我還是向她提出一個問題：你能不能留在廈門？兩年後我分配工作也可能留在廈門，為了我們，你是不是再考慮一下自己的志願？沒想到，她意志堅定，不容我多說。結果，果然把她分配到閩西山區了。我當時心裏真佩服她，覺得她真是黨的好女兒，完全可以入黨。於是，我鄭重地向她提出一個問題：為什麼像你這樣的黨的好女兒，對黨如此真誠，還不能入黨？那什麼人才有資格入黨？她說：還不是因為入黨申請書沒寫好嗎？我到連城後還要再申請，你現在就幫我把申請書寫好。我覺得她說得很有道理，於是，立即拿出紙筆讓她敘述，我則一句不漏地記錄。她看我認真，就說：我說你記，但你還要幫我提升，一是要把入黨動機寫得好一些，二是要把我的家庭污點批判得深刻一些。我連說「沒問題」。她知道我文筆好，會寫文章，但嫌我太書生氣，又用教訓的口吻說：你知道怎麼寫好入黨動機嗎？就是為了共產主義的偉大事業。我明明知道她想入黨的真正動機，是想當「革命接班人」，就說，「你想當革命接班人，這也算是共產主義理想嗎？」被我點中要害後，她狠狠地說：你先寫下再說吧。於是，在她遠赴閩西之前，我用一天半的時間為她寫了一份入黨申請書。寫的時候我才發現，寫好並不容易。寫到她父親也就是我的老師陳英烈時，我本能地為他辯護了三點：一是一九四三年他固然填了表，但他僅僅是永春縣的小學教師，社會地位很低，而且是抗戰國共合作時期，其本質不是國民黨員，而是小學教員；二是那次填表是集體行為，不填寫就會丟飯碗，保不住小學教師那份養家糊口的工資；三是他本人一向「忠誠老實」，從不隱瞞這段歷史，一九五〇年福建剛剛解放，他就向組織交代了。我在申請書的開頭還熱烈地歌頌了一番共產黨的光榮、正確、偉大，講到「偉大」時，不僅說黨是偉大救星、偉大太陽，還說黨是偉大父親、偉大母親。自己讀了幾遍，很滿意，於是就唸給菲亞聽。沒想到，她很不滿意，說：你這麼寫，人家還會讓你入嗎？我父親的事，你不能辯護，只能批判，而且還要說明他對我的影響和毒害。我不服氣地說：你父親登記國民黨時，你才兩歲，連話都不會說，怎麼影響，怎麼毒害？她又覺得我太「呆」了：「你就罵他一頓，罵國民黨一頓，誰管你呵？」當時我和她正在熱戀，她的話就是絕對命令，於是，我又重寫了一遍，果真把國民黨和她父親痛罵了一頓，說國民黨不僅是「壞蛋」，而且是「漢奸」；說菲亞的爸爸不僅「認匪作父」，而且進入「匪窩」，對中國人民犯下了不可饒恕的罪行。修改後我再次交給菲亞「審閱」。她讀後一臉笑容，並說了一句讓我靈魂震撼的話：要入黨，就得裝，裝成「六親不認的鐵漢子」。聽了她的話，我心裏想：這十幾年黨的教育，重心就是叫你六親不認。她果然聽進去了，真是黨的好女兒！

然而，菲亞到了連城之後，仍然入不了黨。從連城三中轉到連城一中後，黨支部書記牛承恩比較開明，被菲亞隻身來到荒蠻之地的行為所感動，甚至想以她為原型寫一個以「獻身革命」為主題的劇本，因此，特意派人到菲亞的老家調查。調查的過程我們不了解，只知道結果還是因為家庭問題而暫緩考慮入黨事宜。

菲亞不服。在一九六八年（我們已結婚）我到連城探親時，又讓我幫忙再寫一次申請書。那會兒正是文革進行得如火如荼的時候，人們都頭腦發熱，我和菲亞也頭腦發熱。菲亞說：這回你得幫我把申請書寫得更好一些，你儘管上綱上線，把我家庭的兩個黑點再上一回綱，豁出去了！於是，我再次為菲亞寫了一份入黨申請書。那時，我岳父已被「揪」出來，他不僅有「歷史問題」，還有「現實問題」。所謂現實問題，乃是因為他工作太賣力，於一九五三年得到工會發的一個獎品。那是一本精裝的日記本，在印有毛主席相片的第一頁上，工會的大章蓋印時碰上了毛主席相片的一角。因為此事，岳父變成了「雙料反革命」——歷史反革命加上現行反革命。菲亞說，她爸爸還被吊到樑上打，被遊街，現在被遣送回家了，連工資也沒有，一家人苦不堪言，全指望着她能出頭。這樣，她就更要爭取入黨。我立即領會到，現在菲亞已成了全家的「救星」了，不入黨怎麼行？而要入黨，就得更狠地批判她的父親和叔叔。當時我的工資為每月五十六元，而菲亞師專畢業，工資比我低一級，每月只有四十八元。儘管錢不夠用，我們還是堅持每月寄十五元給家裏買油鹽，並買一點煙葉，寄給菲亞的「反革命」父親。菲亞說得好，寄煙歸寄煙，批判歸批判。所以我們剛到郵局寄了包裹，回來就立即坐下來商討入黨申請書如何書寫。這一回，我不僅狠批了她父親，還狠批了她叔叔。菲亞經過苦思冥想，記起一個重要細節，那就是她小時候曾經崇拜過她的叔叔，她叔叔也喜歡她，她的名字就是叔叔起的。她叔叔熱衷革命，崇拜一個名叫索菲婭的革命女英雄，所以為她取名菲亞。叔叔文筆很好，寫得一手好文章，菲亞小時候崇拜他，還抬過他的腳，讓他躺在床邊看書。聽菲亞講完，我拍案而起：「這麼好的細節，早該抓住！你中毒太深了。這麼小就受叛徒影響，現在要求入黨，正是為了清除這些惡劣影響，當一個堅定的革命戰士。」總算找到要害、找到邏輯了，為此，我們高興得熱烈擁抱起來！

二〇〇五年，我到台灣台中的東海大學擔任講座教授，終於遇到了「叛徒」叔叔的妻子、菲亞的嬸嬸。因為寫入黨申請書時留下的印象太深，我就問嬸嬸：當時叔叔是怎麼叛黨的，到台灣後又是怎麼生存的？嬸嬸此時才說出一個讓我們幾乎驚呆的事實：菲亞的叔叔來台灣時還很年輕，他只是一個進步文學青年，根本不是共產黨員，怎麼叛黨？！

原來，岳父的弟弟、菲亞的叔叔，被我批判、臭罵為「叛徒」的陳英才先生，從未加入共產黨，根本沒有當「叛徒」的資格。

儘管菲亞數十年如一日積極真誠地爭取入黨，但始終沒有入上黨。後來她調到北京科學出版社工作，出版社領導中有位九三學社的幹部，又動員她加入九三學社，但那是黨外花瓶，菲亞就沒有興趣了。

第五章

「四清運動」中的過激姿態

一九九八年，在洛磯山頂雲霧中（呂志明攝）。

回顧人生中的錯誤，我總是放不下一九六六年在南方江西省豐城縣參加「四清運動」（社會主義教育運動）時所做的過激行為。

一九六三年八月，我從廈門大學中文系畢業後來到北京，秋冬之交到山東黃縣「勞動實習」一年。一九六四年秋末回北京擔任編輯半年之後，一九六五年初夏又到江西豐城縣北馬公社參加「四清」，此次是以一個「四清」工作隊的隊員身份南下的。

剛到江西時，我的心情甚好。一是因為自己首次以「幹部」的身份參與國家大事；二是因為我們的領隊隊長是歷史學權威、著名的紅色史學家劉大年先生。在他的帶領下，我們的工作應當會一帆風順，一路凱歌。那時我在政治上還很幼稚，根本沒有「左」、「右」之別，也不知道「中央」還有路線分歧。在我心目中，毛主席與劉主席（劉少奇）是二人一體，毛主席就是劉主席，劉主席就是毛主席。他們一起工作，一起繁忙，忙了土改、忙了「三反五反」、忙了反「右」鬥爭、忙了辦人民公社之後，現在又忙「四清」了。一切都很正常，當時不僅劉少奇代表毛主席，王光美也是代表毛主席，因此下鄉之前我們集訓時學習了王光美的「桃園經驗」（王光美在一九六三年十一月至一九六四年四月間帶領工作隊在河北省撫寧縣盧王莊公社桃園大隊蹲點開展「四清運動」後總結出來的經驗）。她說現在農村基層形勢很嚴峻，許多基層組織都被「四類分子」腐蝕了。我對此深信不疑，所以離開北京那一刻，我渾身都是悲壯感，覺得自己身負着挽救黨的使命。當然也奇怪，自己連黨員都不是，怎麼去挽救黨呵？！想了想，便產生感激之情，黨對我們這些年輕知識分子太信任了，鄉村黨組織爛掉了，竟交給我們這些非黨的大學生去救治。面對這種信任，怎能不拚命、不努力呢？

帶着滿腔的革命激情和桃園經驗，我們來到了江西。我被分配到一個「小隊」裏獨自進行「四清」。根據桃園經驗，我事先選擇了一個赤貧戶即苦大仇深的政治上最可靠的貧農家裏住下。這個赤貧戶是小隊的貧協主席，解放前當過長工，受盡剝削與壓迫，是黨的好根子、好苗子，我就選擇在他的家「扎根串聯」。所謂「扎根串聯」，便是以他為中心，讓他聯絡幾個最窮、最可靠的老貧農與老僱農到家裏來交流情況、分析形勢。一般都在夜裏進行，相當神秘，類似當年共產黨員在白區裏的地下工作。他們認定我是「毛主席派來的人」，我開始還說明，我從來未見過毛主席，我不是毛主席派來的，是哲學社會科學院的領導派來的。但他們以為我是謙虛，根本不信。為了免於爭論，我姑且默認了。於是，我轉眼成了毛主席的代表，神經兮兮地開始工作了。經過一個月的扎根串連，才明白村裏有兩個重要組織，一是「貧協」（貧下中農協會），一是黨支部（小隊長只是一個支部委員）。按照「桃園經驗」，只能信任貧協，至於黨支部，我假設它已爛掉百分之八十。五個支部委員，爛掉百分之八十，意味着有四個已經變質，或貪污，或腐敗，或墮落，只有一個是乾淨的。因此，我不敢與支部委員們接觸。

第一步是「扎根串聯」，進行了大約一個月，第二步便是學習「二十三條」。社教「二十三條」據說是毛主席親自定奪的。我一句一句地闡釋，效果很好，全村民眾也認為我畢竟是大學生，有水平。第三步便是檢舉揭發「四不清」幹部，這是真刀真槍。我在工作隊分隊（比劉大年低一級的分隊）的工作會議上彙報完之後，領隊指示說：「這就要刺刀見紅了，你不能有小資產階級溫情主義。」我沒回答，但心裏說，我不僅有刺刀，還有匕首、投槍、盾牌，怎麼會溫情？

由於我「發動群眾」的工作做得不錯，因此，檢舉揭發材料一箱接一箱。我的助手小冷（姓冷，是公社派給我的助手）忙壞了。他很老實，說這些材料雖多，但不實在。聽他一說，我立即作出判斷，看來，群眾還是有顧慮。顧慮的背後是有「敵情」。於是，我又在夜間召集貧協會，分析敵情。分析之後就主觀地認定一個名為 XXX 的前大隊長是幕後敵人。根據毛主席「抓住主要矛盾」和「集中兵力打殲滅戰」的教導，我指示貧協各委員分工去動員群眾揭發 XXX。至今讓我感到不安的是，我把他界定為「敵我矛盾」，而敵我矛盾就必須對他進行「殘酷鬥爭，無情打擊」，於是，我發動群眾鬥爭他，折磨他，甚至把他捆綁起來。

第六章

文革時進入「共犯結構」的政治悲劇

與長女劍梅全家在其香港寓所合影（後排左一為外孫，右一為女婿黃剛，中間二人為劍梅和外孫女，前排右一為妻子陳菲亞）（李佩樺攝）。

文革結束之後不久，《思想戰線》（原《新建設》）黨支部準備發展我入黨，理由是我在十年運動中表現很好，不僅在後期旗幟鮮明地反對「四人幫」，而且在前期、中期的運動中也未傷害過任何人。

三個支部委員一起找我談話，表揚我。可是我一再說，我不符合黨員條件，我在文革中「隨大流」踐踏過許多老革命家的名字，踐踏過周揚、夏衍等「四條漢子」的名字，踐踏過「劉、鄧、陶」、「彭、羅、陸、楊」的名字，還高喊過打倒「名、洋、古」、「封、資、修」的口號，蔑視過自己崇拜的許多中外偉人（大作家、大學者）的名字，我不能原諒自己。三位委員都是我的大姐輩，為人極好，態度極為誠懇，一聽我說完就說：這算什麼？我們也是這樣走過的這十年，這不算什麼錯誤！我知道她們滿懷好意，但還是認真地說：文化大革命是我們共同創造的一個錯誤時代，我也有一份責任。階級鬥爭天天講，月月講，年年講，我也緊跟着，沒有一天不講，沒有一月不講，沒有一年不講。天天講階級鬥爭，就是天天罵劉、鄧、陶。我不能原諒自己。如果文革這十年，我病倒、癱瘓了，徹底逍遙了，那就不會天天、月月、年年罵老革命家、老同志，那就乾淨了。可是這十年，我從二十五六歲到三十五六歲，正是黃金歲月，身體很好，精力充沛，雖然內心想不通，可是行動上都在執行「以階級鬥爭為綱」，沒有一天不罵走資派與反動學術權威，沒有一天不罵「叛徒、工賊、內奸」劉少奇。想起這段歲月，我總是羞愧，總覺得自己還原為「動物」，連做一個人的資格都沒有，還做什麼黨員？

三位善良的大姐委員聽完我的說明，全都目瞪口呆。還是李大姐（支部書記）先開口，她說：「再復同志講得好，這說明他有覺悟，也說明我們想發展他入黨是對的。」

那時能加入中國共產黨，都被視為一種「光榮」。她們如此熱情地希望我入黨，我也深受感動。剛才對她們所講的話，全是實話。我真的認為，我在文革中，整個心靈分裂了；真的覺得我在漫長的十年歲月中，每一階段、每一天都在犯錯誤。開始階段，我對學部「紅衛兵聯隊」（以哲學所吳傳啟、林韋時的名字為符號）造「黨委」的反，感到唐突，感到驚訝，背地裏也對他們頗有微詞。可是，一聽說他們是康生、關鋒和中央文革小組所支持，就立即「敗退」下來，立即自我檢討，自己站在了「資產階級反動路線」一邊。而對於劉少奇、鄧小平、陶鑄，還有「彭、羅、陸、楊」等，則認定他們早已是資產階級司令部的頭目，是當下中國最大的「階級敵人」。不僅不敢替他們說任何一句話，連「他們是敵人嗎」的一閃念都沒有。從「海報」看到王光美掛着一串乒乓球項鍊，被批鬥得像彎腰九十度，從小道上聽到劉少奇被整得像個「白毛女」，連飯都不給吃，我也聽之任之，沒有一剎那的懷疑。我不覺得自己在文革中是一個正常的人，一個善良的人，一個有修養的人，一個有道德的人。

我是農家子，從鄉村裏來，明明知道農民非常歡迎「三自一包，四大自由」（「自留地、自由市場、自負盈虧、包產到戶」和「自由租地、自由貸款、自由僱工、自由貿易」），明明知道劉少奇、鄧小平是為了拯救農民免於餓死，卻跟着大批判劉鄧「包產到戶」的資本主義道路，而且裝模作樣，義憤填膺。一九六九年工宣隊、軍宣隊進入學部之後，每天都要「早請示、晚彙報」，我從來沒有請示過：如果不包產到戶，農民餓死了怎麼辦？也從未彙報過：我家鄉在一九六〇年前後真的沒飯吃，我和我的同學個個都餓得犯「水腫病」，個個皮包骨。更沒有彙報過：我的老師在文革中被活活整死，我知道後卻無動於衷。天天彙報，天天都在撒謊。唯有一次學習要知識分子都下去「滾泥巴」的「最高指示」，我請示說：我從小就在泥巴裏滾來滾去，讀大學時還光着腳丫子，大學畢業後才從泥巴裏「滾上來滾到了北京」，還需要「滾下去」嗎？可是，軍宣隊裏的一位排級幹部，立即說我的思想很危險，把我批了足足半個小時。

李大姐等三位支部委員勸我入黨時，劉少奇尚未「平反」（一九八〇年二月二十三日至二十九日，中共十一屆五中全會在北京舉行，全會作出了關於為劉少奇平反的決定；一九八〇年五月八日，決定徹底為劉少奇平反，恢復名譽），可是當時我已覺得欠了劉少奇一筆債。他被打擊得那麼慘，我不僅沒有為他說過一句話，還隨大流跟着罵他好幾年，這等於中國道德最不齒的「落井下石」。

儘管全國人民（幹部與群眾）都在落井下石，但我作為一個有文化的中國知識分子，卻不該匯入這股狂潮，不該在人們已踩上億萬隻腳之後，又加上自己的一腳；不該在全國無端共誅之的時候，也用文字捅他一刀。想想這一切，真的覺得自己太卑劣了。

那位極為善良又極為單純的黨支部書記李大姐聽到我說「捅他一刀」時，竟天真地問：你什麼時候「捅他一刀」的呢？我笑着說：幾乎天天捅他一刀。天天罵他是「叛徒、工賊、內奸」，這不是天天捅他嗎？除了參與共同行為之外，我個人還在一九六七年被對立派「解放」之後參加他們的大批判小組，用文章狠批劉少奇。那時在中央報刊上不用「劉少奇」之名，而用「中國赫魯曉夫」替代，我就寫過一篇《埋葬中國赫魯曉夫的馴服工具論》，寫完之後，《人民日報》很快就刊登了，我還為此受到表揚。這不是「背後捅刀」嗎？這不是「落井下石」嗎？儘管「馴服工具」的理念不對，但是，我攻擊劉少奇這個正在經歷苦難的人，他已滿身傷痕，還可以再給他雪上加霜，傷上加刀嗎？不能，我永遠不能原諒自己。

第七章

魯迅研究著述中對「善」的錯誤界定

次女劉蓮一家（從後到前：劉蓮、外孫嵩嵩、女婿張立）

在《我的寫作史》中，我寫了一章《「我注魯迅」和「魯迅注我」的幼稚開端》，對「我注魯迅」的模式作了反省；其實早在一九九一年，我就在日本東京大學作過《〈魯迅研究〉的自我反省》的演講。雖然有了檢討，但還是耿耿於懷，覺得在自己的學術生涯中，有個錯誤還需講得更清楚一些，以放下這根胸中芒刺。我還覺得，自己一生都在追求文學真理，但在最初的著作《魯迅美學思想論稿》，卻有一部分講述，並非文學真理。

這個錯誤，就是我在《魯迅美學思想論稿》中對「善」的界定。

我在《魯迅美學思想論稿》中，以「真善美」的批評標準取代「政治第一、藝術第二」的標準，這屬學術問題，無可厚非。儘管「真善美」籠統一些，但大的方向沒有錯。然而，在對「真」、「善」、「美」三大尺度的說明中，卻有一個今天看來是錯誤的闡釋，那就是對「善」的闡釋。

在《魯迅美學思想論稿》中，我明確地把「善」界定為「功利價值」、「實用價值」。這完全錯了。今天我明白了：文學的價值，恰恰在於它的超功利、超實用。以往四十年，我總是原諒自己，為自己辯解，說我指的是廣義的功利價值。在《魯迅美學思想論稿》中，我確實使用了「廣義」這一概念，然而，這一廣義卻無所不在，包括文學的政治價值。其實，文學的特質，恰恰是超越一切功利，包括政治功利。政治，是一種功利事業，它的基本性質乃是權力的角逐和功利分配。沒有功利，哪有政治？這是可以理解的。然而，文學不同，文學恰恰必須超功利、超因果。明知道「後果不利」（沒有好果子吃），還是要寫作，要表述；明知道文學沒有實用價值，當不了飯碗，也當不了槍炮，但還是要抒發，要呈現。文學只要求調節豐富人們的心靈，不求心靈之外的「好處」。因此，闡釋文學的「善」，恰恰應當說明它的超因果、超功利的至善特徵，而不應當把「善」等同於功利。在《魯迅美學思想論稿》中，我犯的是「善」與「功利」一元論的錯誤。正確的闡釋本應是善與功利的不等式，即善與功利的二元論，而我因為幼稚，把它顛倒了，講的是等式和一元論。

《魯迅美學思想論稿》書稿接近尾聲時，我把「關於藝術批評的真善美標準」

單獨抽出，投給《中國社會科學》雜誌。文章發出後，關於「善」的界定，得到社會與學界的廣泛讚美。連季羨林先生在給《中國社會科學》的評獎推薦語中也特別指出，強調「實用價值」是必要的，他在信中說：

特別值得注意的是社會功利標準，看藝術品是否有益於人類進步的實用價值。現在國內外有不少人提倡花樣翻新的現代派，其中有一些故弄玄虛，讓讀者墮入五里霧中，以此自炫。讀者連看懂都做不到，還談什麼實用價值？我看，連作者自己也看不懂，只是英雄欺人而已。我認為，衡量一件藝術品，一個文藝作品，首先看它有沒有促進人們向上，促進社會前進的作風。如果沒有的話，那就是無用的廢物。有一些作品能陶冶人的性靈，給人以美的享受，這也是一種實用價值。

季先生推薦我的文章，特別欣賞我把「善」歸結為「社會功利律」，其動機在於激勵後進，這讓我心存感激。但他把「審美價值」也納入「功利價值」之中，這又把「功利」過於泛化，即過於廣義化。實際上，要求文學藝術品能陶冶人們的性情就夠了，但這是審美價值，不是實用價值。此外，季先生只看到「現代派」太唯美的弱點，未看到我國前三十年文學「太實用」（太政治）的弱點。一九四九年後我國的當代文學，強調文學為政治服務，強調文學藝術要充當革命機器中的齒輪與螺絲釘，都太實用了。我的《魯迅美學思想論稿》雖然也有歷史針對性，但只針對「政治第一」的批評標準，未能針對文學政治化（功利化）的更為根本的大現象，因此，對於文學的功利化缺少警惕，也缺少批評的力度。實際上，自己的思想深處，還給文學的「社會功利」傾向留下發展的空間。我之所以「骨鯁在喉」，正是擔心，自己的這種思路會給後人造成誤解與危害，所以不能不再次鄭重地說明。

出國之後，我在「思我思」即反省自己曾表述過的諸種理念中，實際上已對「善」的解說，逐步作了糾正。無論是在文章、訪談中，還是在書籍中，我後期對「善」的闡釋，強調下列三點：

（一）真即善。我認為，對於文學作品，首先的絕對要求是真實。真實包括人性的真實和人類生存環境的真實。無論什麼文章流派，都必須給人以「真實」，即不欺騙讀者，以「不欺騙」為善。也就是說，在文學表述中，真即善，不欺騙讀者，便是作家的道德，詩人的良心。

（二）善是符合人類的生存延續。如果要給「善」一個確鑿的定義，那麼，我可以斬釘截鐵地說，最廣義的善，只有一個，那就是符合人類生存延續的需求。如果文學作品誨淫誨盜，鼓吹殺人放火，那就是不符合人類的生存延續。這一定義把「善」解說為人類的終極需求，這不是功利需求，而是對文學必須提出的靈魂健康的需求。

（三）善體現於文學，應當遵循康德所講的「無目的的合目的性」。

善，首先應是寫作的「無目的」性，即無「實用目的」性，文學不為名，不為利，不為獎賞，不為市場，不為政治，不為經濟，不為黨派，不為利益集團。那麼寫作為了什麼？寫作只為寫作，寫詩只為詩。正像賈寶玉辦詩社，兄弟姐妹們一起寫詩就高興，寫了詩就豐富了自己的生活與心靈，所以即使充當「壓尾」者，也很高興。中國革命時期，文學變成文工團的宣傳資料，文工團傳統乃是為軍隊服務、為政治服務的傳統，其政治實用目的太明顯。文學要從文工團回歸到藝術團，首先就得揚棄「宣傳」，回歸「無目的」，這個「無」，便是善。

再次，確認「文學無目的」之後，還要確認文學雖無淺近的實用目的，但有「合目的性」的長遠目的。這個「合」，不是合國家，合黨派，合政治，合所謂工農兵，而是合人類的生存延續，合人類的終極目標，也可以說是「合天地」，「合宇宙」，「合人性」，「合良心」。

唯有這個意義上的「合目的性」，才是善。我在七十二至七十五歲之間，充當香港科技大學人文學院的客座教授，講述了「文學常識二十二講」和「文學慧悟十八點」，正是重新界定真、善、美，特別是說明「真即善」、「善即符合人類的生存延續」、「善即無目的的合目的性」等文學要點。在《文學慧悟十八點》一書中，我講述了「文學的弱點」在於它的「無用」，但它又有「無用之用」，即「無目的的合目的性」。這些都是我進入暮年之後較為成熟的表述。表述之後，越是覺得四十年前我在《魯迅美學思想論稿》中對「善」（功利律）的界定很有問題。四十年前與四十年後，前講功利，後講超功利，四十年的閱讀與思考，終於明白，文學的特質是超功利，超因果；硬把文學說成功利事業，即像曹丕那樣，把文學視為「經國之大業」，也無濟於事。那表面上是抬高文學，實際上是貶低文學。文學藝術事業要獲得大自由，一定要從「功利」的算計中走出來，從「因果」的計較中跳出來。

第八章

接受「領袖個人崇拜」後的人生僵化

二〇一六年，與著名作家韓少功、長女劍梅在香港合影（李佩樺攝）。

從廈門大學畢業後，我進入北京，同時也進入「領袖個人崇拜」的共犯結構。我對毛澤東太崇拜了！是真崇拜，一點兒也不摻假，一點兒也不搖擺。對毛的個人崇拜，儘管是個潮流，但我並不是跟着潮流跑而故作崇拜狀，而是真的崇拜得五體投地，徹頭徹尾，徹裏徹外。

這種崇拜，當然與我個人的經歷有關。我從小失去父親，之所以能順利地從小學讀到大學，最後成為廈門大學校級優秀畢業生，全賴共產黨給我免費入學與助學金。沒有毛澤東，就沒有我的求學機會，也沒有進入京城工作的機會。我對毛澤東心存感激，是理所當然的。

另外，到了北京之後，我開始認真思考中國現代歷史，覺得毛澤東確實了不起。國共兩黨一九四六年分裂，內戰爆發，僅僅兩年多，毛澤東領導的中國人民解放軍就把蔣介石領導的八百萬美式裝備的國軍打得落花流水，跑到台灣去了。勝利得這麼輝煌，這麼快，誰都沒想到，恐怕連蔣介石和毛澤東本人都未必想到。毛澤東太有才了。別的領導人和他差距太大，肯定沒法取得這樣的巨大勝利。

還有毛澤東的文章、詩詞、書法，樣樣都讓我佩服。太有才華了，我們的領袖確實是天才。他寫的《愚公移山》、《為人民服務》，我不僅會背誦，而且可以作詩意的講解。我讀了《愚公移山》，就覺得國民黨的失敗首先是語言上的失敗。蔣介石的《中國之命運》，整篇文縐縐的，半文不白，讀了半天也讀不出個所以然。而《愚公移山》短短千把字，就把中國革命的理由、對象、動力全講清楚了。真了不起！毛澤東的詩詞，我更是篇篇都能背誦，那首《憶秦娥・婁山關》「西風烈，長空雁叫霜晨月。霜晨月，馬蹄聲碎，喇叭聲咽。　雄關漫道真如鐵，而今邁步從頭越。從頭越，蒼山如海，殘陽如血。」讓我讀得五臟俱燃，不知當眾朗讀了多少次！至於毛澤東的書法，既蒼勁，又有大氣場，太讓我嚮往了。這種天才，幾百年才能出一個呵！我曾想過，如果毛讓我跳「火坑」，我肯定跳；毛讓我投「深淵」，我肯定投。我真的崇拜到入痴、入迷、入醉了！此種痴迷狀態，到了文化大革命中，才明白也可稱作「無限」狀態。文化大革命要求人們「三忠於」、「四無限」。「三忠於」即忠於毛主席，忠於毛澤東思想，忠於毛澤東革命路線；「四無限」即對毛主席無限熱愛，無限忠誠，無限敬仰，無限崇拜。而我，在這個時代性要求提出之前就已經做到了。在學習「三忠於」、「四無限」時，有同事提出，「四無限」還不夠，應加上「無限想念」、「無限感激」等，我沒反對，但覺得那個「四無限」就已經包括一切了。當時除了把「三忠於」、「四無限」當作座右銘之外，還天天叨唸「四個偉大」，即偉大導師，偉大領袖，偉大統帥，偉大舵手。直到一九七五年，毛澤東本人都對這「四個偉大」表示「討嫌」了，我們還覺得這是因為毛澤東個人的謙遜。他說最後只能剩下「教師」一詞，我們在學習中對毛更崇拜了。這麼偉大的聖人，卻把自己說成只是個「教師」。對領袖的個人崇拜，已經進入我的骨髓，我的心臟，我的靈魂深處。直到出國多年後，我才明白，這種對領袖瘋狂的個人崇拜，乃是「精神奴役的創傷」（胡風語）。長期生活在精神奴役之中，習以為常，便形成這種怪異現象了。我的這種崇拜，從少年時代一直延續到整個青年時代。

一九七〇年，我從北京到連城（妻子在連城一中教書）探親，那時母親也在連城。又一次，媽媽坐在小椅子上洗衣服，我在她面前走來走去，而且哼着小調，唱着「爹親娘親不如毛主席親」，正好被媽媽聽到了，於是，她停止搓洗衣裳，叫我站住。我嚇了一跳，問她為什麼。她說：「剛才你唱什麼了？再唱一遍。」我就把「天大地大不如黨的恩情大，爹親娘親不如毛主席親」又唱了一遍。媽媽很不滿意，沉下臉說：「是誰把你養大的？」媽媽從不過問政治，也完全不懂得政治，她的輕輕一問，只是從本能的母愛出發。我立即安慰母親，這是很平常的歌，誰都在唱。

我和我的同一代人，確實是完全陷入對領袖的個人崇拜之中。那時我們生活的基本模式全僵化了，就是林彪所說的模式：「讀毛主席的書，聽毛主席的話，按毛主席的指示辦事，做毛主席的好戰士。」個個都是遵循這個模式，無一例外，我當然也不例外。從一九六六年開始，我不僅只讀毛澤東的書，而且只讀毛主席語錄，直到一九七〇年到河南五七幹校後，才改讀馬列的六部經典

（《共產黨宣言》、《法蘭西內戰》等）。那幾年，我什麼書也沒有，只有《毛選》四卷和紅色小語錄本。馬列六部經典是到五七幹校前夕買的。讀這六本書，也是為了更好地理解毛澤東思想，所以歸根結底還是讀毛主席的書。

所謂「聽毛主席的話」，就是把毛主席的話作為思想指南、行為準則。毛主席的話聽了又聽，結果是把複雜的世界完全簡單化了。例如，毛主席說：「凡是敵人反對的，我們就要擁護；凡是敵人擁護的，我們就要反對。」那時，我們心目中最大的敵人是劉少奇。於是，劉少奇講共產黨員的「修養」，我們就「對着幹」，反對「修養」。任何行為都不講起碼的文明規則、道德規則，以為這才是革命者的脾氣與革命作風。一代人的野蠻化、流氓化就從這裏開始，也可以說，就從這裏逐步形成了。

所謂「按毛主席的指示辦事」，則是把毛主席發表的最新指示，視為最高指示去理解，去執行，不理解也要執行。毛主席指示我們「上」就「上」，指示我們「下」就「下」。一聲「上山」，萬馬千軍全擁上；一聲「下鄉」，千軍萬馬齊下放。那時候，全軍、全黨、全民，個個爭當毛主席的好戰士，只有當不了戰士的焦慮。在革命場合，當的是批鬥「劉鄧陶」的好戰士；在平素場合，當的是「鬥私批修」的好戰士。全都瘋了，鬥、鬥、鬥，戰、戰、戰，個個鬥成魔，鬥成妖，鬥成鬼，鬥成怪，戰士即妖魔鬼怪，「橫掃一切牛鬼蛇神」，最後最應當掃滅的是自己。但誰也想不到這一點，總是以「戰鬥」為榮，以「戰士」自居。我自己就是在「領袖個人崇拜」的潮流中從文士變成「戰士」，從「戰士」變「鬼怪」的。我說的懺悔意識，便是自己也參與了創造一個錯誤的時代，在此大錯誤中，自己也有一份責任。

「領袖個人崇拜」不僅讓我這種最愛讀書之人只讀一種「紅寶書」，最愛說自己話的人只說一種「話」（浮誇話，虛假話），最愛獨立獨行的人，變成只懂得按一種「指示」去行動，而且只會唱一種「歌」，這就是「紅歌」，頌揚領袖的歌，其他的歌全然不會唱，連莫扎特、舒伯特都不認識，區分不了。至於跳舞，也只會跳「忠」字舞（後來我稱它為「酸舞」）；看戲只能看「八個樣板戲」（京劇《紅燈記》、《智取威虎山》、《沙家浜》、《海港》、《奇襲白虎團》、《龍江頌》，芭蕾舞劇《紅色娘子軍》、《白毛女》），看電影只能看「老三戰」（《地道戰》、《地雷戰》、《南征北戰》）。我在一九七八年三中全會召開時，才感覺到，自己十多年的人生完全僵化了，模式化了，看起來很平常，實際上很殘酷、很可憐，人生完全變形、變質、變態了。

「個人崇拜」還形成我的一套固定的「世界觀」、「歷史觀」、「人生觀」、「創作觀」。所謂世界觀，就是世界一分為二：社會主義陣營和資本主義陣營；一分為三：美蘇是第一世界，歐洲、澳洲、加拿大、日本是第二世界，其他的是第三世界。世界革命，便是以第三世界的廣大「鄉村」去包圍第一世界的「大城市」；世界革命的勝利，便是以中國的生活方式去統一全世界生活方式的大完成。

所謂歷史觀，乃是確認，歷史乃是階級鬥爭的歷史，革命的歷史，一個階級推翻另一個階級的鬥爭歷史。革命是歷史發展的火車頭；革命是人民最盛大的節日。《共產黨宣言》有一句話：「至今一切社會的歷史都是階級鬥爭的歷史。」這是典型的歷史觀。毛主席說：「階級鬥爭，一些階級勝利了，一些階級消滅了。這就是歷史，這就是幾千年的文明史。」這更是經典中的經典。階級鬥爭，一抓就靈，我們的全部使命就是抓革命、促生產。

所謂人生觀，更是荒唐。人生，只有集體主義的人生，沒有個體、個人的人生。八個樣板戲，提供八種人生樣板。一切為了黨，一切為了革命，一切為了消滅敵人。所謂「向雷鋒同志學習」，便是學習他把自己變成革命機器中的一顆螺絲釘，變成一隻任人擺佈的老黃牛。所謂「向焦裕祿同志學習」，就是把自己變成黨的馴服工具，鞠躬盡瘁，死而後已。任何人都不能有自己的生活，自己的隱私，自己的戀愛與婚姻。一切寫作都要納入國家計劃，集體計劃；一切詩歌，均只有集體經驗語言，不能有個體經驗語言。個個都要交心，心靈必須國有化。所謂全面專政，就是無產階級不僅要在政治、經濟領域裏實行專政，還要在心靈的領域裏實行專政。於是，在「個人崇拜」下，全國只有一個人（領袖）擁有人生，其他皆是奴隸、奴才，皆為領袖貢獻出自己的全部人生。

我是一個從事文學事業的人，可是，在此最為自由的領域中，我也只允許擁有一種「創作觀」，這就是毛澤東一九四二年的《在延安文藝座談會上的講話》。儘管《講話》只是政治綱領，但那是所有作家的創作觀。因此，從一九四九年到一九七七年，中國沒有個體創作觀。我的創作觀其實是無創作觀，無寫作觀；整個文壇，統治一切的只有列寧的黨性原則，毛澤東的革命原則。文學失去了人性、個性、自性。

在「個人崇拜」的迷信中，我失去了一切「個體自由夢」，沒有精神創造的自由，沒有正視人性真實的自由，沒有正視生存環境真實的自由，沒有揭露黑暗的自由，沒有個體想像的自由，沒有閱讀的自由，沒有署名的權力。

在「個人崇拜」的框架中，我失去了一切生命能力。沒有質疑能力，沒有反抗能力，沒有主體能力，沒有個性化能力，沒有批評能力，沒有商討能力，沒有挑戰能力，沒有按照自己的心靈需求去描述的能力，沒有面對良心的能力。

在個人崇拜的日子裏，我覺得自己在數千漢字中，只需要懂得一個「忠」字。忠，便是忠於毛主席，忠於毛澤東思想，忠於毛主席革命路線。除了「忠」字，我不知道還有其他文字。於是，我隨時準備背叛家庭，隨時準備背叛同事，隨時準備背叛朋友，一切為了毛主席，為了他，一切都可以拋棄，一切都可以背叛，一切都可以化作泡沫。

在五千個漢字中，我日日唸、月月唸、年年唸的就是這個「忠」字。一九七八年之後，我進行反省、反思，才明白自己不過是「愚忠」，愚蠢之極的「忠」。

對領袖的個人崇拜，還帶來一個致命的弱點，即對「真理」的誤解。在很長一段時間內(大約十五年)，我以為毛澤東思想便是真理，放之四海而皆準，因此，毛澤東思想成了我衡量一切的尺度；凡是毛主席說過的，都只能貫徹，不可討論。一切真理到了毛主席這裏，全都窮盡了，全都抵達頂峰，一切探索，一切尋找，都是徒勞的。我們只要給毛澤東思想作注腳就可以了。所謂哲學社會科學、人文科學，便是給毛澤東思想作注腳的「學問」。錢學森說，什麼叫「辯證法」？毛主席的「矛盾論」便是。讀好《矛盾論》，便掌握了對立統一的真理。

作為文學工作者，我的使命就是給《在延安文藝座談會上的講話》作注腳。全部問題只是注得對不對，準確不準確。像郭沫若那樣，就給毛主席詩詞作注腳。你如果要主動，要爭取精神地位，就要向郭沫若學習，並爭取注得比他還好。但這幾乎是不可能的事。因此，無所作為，乃是一種宿命。

作為思想者，我沒有任何屬於自己的思想，唯有面對自己瞬間的思想活動，看看是否與「毛選」中的說法有偏差，即是否違背毛澤東思想。從大到小，事無巨細，不可有任何誤差。在「早請示，晚彙報」中，就是要彙報自己的誤差，就是要請示指示以後怎麼辦，怎麼改正。這就是我的全部精神生活。完全僵化、模式化的生活。

作為民眾一員，我不知如何生存，不知如何對待鄰人、友人、陌生人、同行、同事，也不知道如何對待強者、弱者、智者、殘者。這些都無關緊要。重要的是，要拿着真理的方向盤去行動、去實踐、去對待。

對領袖的個人崇拜，使我喪失了靈魂，喪失了思想的自主權。一九七八年之後，我對自己作了反思，覺得自己已不是「人」，而是另一種生物，這種生物，沒有靈魂，但能蠕動；沒有思想，但能行動。這是一種怪物，如何命名，我一直沒有想好。此刻回味起來，覺得可以命名為「雙腳獸」或「雙腳牛馬」——比牛馬少了兩隻腳，雖都有腦袋，沒有靈魂；都有「皮」，但都沒有思想。

第九章

八十年代錯當文學研究所所長的精神消耗

二〇一八年，與時任北京大學中文系主任陳曉明教授在香港科技大學禮堂前合影（右為妻子陳菲亞）（李佩樺攝）。

一九八四年秋天，我在武漢參加學術研討會，講述「文學研究思維空間的拓展」時，突然接到文學所黨委書記馮志正的電話，說文學所經過群眾無記名投票，把我選為新一任文學研究所所長。他還告訴我：「這次參加投票的人員一百八十多人，你得了一百三十多票。其他人最多的只有二三十票。眾望所歸，你就接受吧，你接受後再由院部正式任命。」

馮志正這個電話，真像晴空霹靂。我完全沒有想過自己竟然會當上文學研究所所長。當時我自己立即作了決斷：絕對不可接受！我不是當官的料。文學研究所所長是司局級幹部，不大也不小。原來的所長鄭振鐸、何其芳、陳荒煤等都是副部長級的，當時還在任上的許覺民至少是司局長級。我才是個二十二級小幹部，怎能充當這個角色？更重要的是，我是一個純粹的學術人員，只會讀書寫作，完全沒有行政能力，怎可挑上這副重擔？我知道，這是政治改革，所長由群眾選舉產生。文學所的研究人員與行政人員，有這麼多人信任我、期待我，我當然感激。但我有自知之明，知道自己心腸太軟，在科學原則與人情原則發生矛盾時總是把人情放在第一位。我太不適合擔當這個角色了。

回到北京後，馮志正告訴我：「這是黨政合一的試驗，院部決定實行『所長負責制』，所長權力很大，要兼任黨組書記，負責組織任命全所領導班子，你就當吧，行政工作我來做，你不要怕。」他勸說之後，我還是怕，因此用了一個月的時間，找梅益（院黨委書記），找吳介民，找院裏各類領導人，包括秘書長等，說明自己不是當所長的料，說明自己的行政能力確實很差，說得眼淚都快掉下來了。

最後，我找了幾位文學所的老權威，想請他們幫我卸掉這副重擔。我首先找的是錢鍾書先生，他本就關心我，又是副院長，由他來替我說情最好。於是，我來到錢先生的家。沒想到，我尚未開口，他就說：「你必須當！我會幫你的！」他好像早已知道一切，也知道我為什麼找他。他如此開門見山，如此決斷，如此不容分說，一下子把我鎮住了，鎮得我什麼話也說不出來了，只是拿出最重要的一點理由：我的行政能力很低，不宜擔此重任。錢先生立即說：你當所長，有權選擇三個副所長替你完成日常工作，你只要把握辦所方針就可以了。在旁的楊絳先生也竭力勸我。她說的一句話我至今還記得很清楚：「你就接受吧，有什麼困難，錢先生會幫你的。」這次見了錢先生，我原先絕對不當所長的決心動搖了。也許是因為我太尊敬錢先生，他的話在我心目中一句頂一萬句，我竟然很快就接受了錢先生的意見。就是那一天，我向馮志正表示，不再折騰了，他可以告訴院黨組了，我當這個所長。當天下午，院部就找我談話，說正式任命書一兩天就會下達，你可以開始組織班子了。就這樣，從一九八四年十月開始，我就成了中國社會科學院文學研究所所長，全院最年輕的所長，也是出身於最低行政級別（二十二級）的所長。

按照院部的指示，我立即組織所領導班子。首先是選擇三位副所長。行政副所長由黨委書記馮志正擔任，這是不必考慮的。另外兩名副所長則必須考慮文革時兩大派的劃分，一派是「反何」（何其芳）的毛星派，我選中了馬良春，一位能吃苦、能實幹的老黨員。另一派（「擁何派」）即朱寨派，該選誰呢？我徵詢摯友樓肇明（散文詩人、詩評家）的意見，他竭力推薦何文軒（何西來），說他極為能幹，而且很講義氣。我聽了覺得很合適，就委託肇明兄去問問何西來，看他願不願意出山幫我。肇明兄很快就告訴我：文軒兄表示，願意「為王前驅」。我很高興，便讓何文軒除了當副所長之外，還兼任《文學評論》副主編，研究生院中文系主任。我只要求文軒兄和馬良春團結好，同心協力把文學所搞好。

組好班子之後，便是籌備全所大會，會上院部會宣佈任命書。這也就是我的就職大會。理所當然，我必須發佈辦所方針，作一個像樣的「施政演說」。為了準備好這個講演，我除了與三位副所長商量了一次又一次之外，還徵詢了樊駿、王信、王行之、毛星、朱寨等文學所老脊樑們的意見。此次講演，我提出「學術自由、學術尊嚴、學術美德」的辦所方針，在院內外被傳頌了好一陣，院外的各種媒體也作了報道。

從一九八四年冬季算起，四年一屆的所長當到一九八八年冬季就算結束了。結果，在一九八八年的投票選舉中，我再次被選為新一屆的所長。此時我已「桂冠」滿身，既是中國文學所、外國文學所、少數民族文學所、語言所等四所學位委員會的召集人，又是國務院社會科學院基金會文學組負責人，又是掛靠於文學所的各種協會的顧問，等等。在擔任所長期間，我只想把工作做好，至於接受所長這個職務對不對，則想得很少。但「六．四」發生之後，特別是流亡到海外之後，我卻一直後悔，覺得不該擔任行政工作，不該接受所長這個「桂冠」。這種意識越來越強烈，以至於二〇〇〇年前後，我認為八十年代擔任文學所所長是人生中的一個錯誤，雖然獲得另一種生命體驗，但付出的代價太大，丟掉的東西太多。想了想，覺得丟掉了五六樣最寶貴的東西：

（一）丟失了「時間」。人生實在太短，時間實在不夠用。我在中學時代讀高爾基的書，就記得他說過，人生不僅是短暫，而且短得可笑。在很短的人生中，既然選擇做學問，那就必須全身心、全時間投入學問。然而，當我終於開始做起了學問，一心想着要追回在文革中浪費的時光，卻意外地接受了所長「桂冠」，重擔加身。這樣一來，不管如何用功，但畢竟把許多寶貴的時間投入行政了。僅準備就職演說，就用了一個多月，足夠我寫出一篇論文了。我生來就缺少健康意識，但一直具有很強的時間意識。「政協」開會的時候，我參加一兩天就逃會，也是為了搶時間。可是，擔任所長後，我得為所裏員工的職稱、住房操勞，還得為籌備各種會議奔波。每天都有事，要麼院部找我，要麼副所長到家裏協商，要麼歡迎外賓，要麼接待所裏的研究人員。忙得連寫一篇很短的散文詩，都得躲到「龍潭湖」邊。

（二）丟掉了「天真」。未當所長時，我很少心機，可以說基本上是「天真」的、單純的。當了所長之後，為了「平衡」，為了「利益的再分配」，我的心機生長出來了。為了開好俞平伯先生的平反會（名為「紀念俞平伯先生誕辰八十五週年大會」），我無法給中宣部寫「報告」，裝傻裝糊塗好幾個月，直到胡繩（院長、黨組書記）發現而生氣後，才說了真情。又為了不讓人懷疑開會的動機具有對抗「最高指示」的傾向，特別邀請了自己很不喜歡但親近毛主席的詩人臧克家來坐在主席台上當花瓶。臧克家坐在我身邊，我又裝出一付熱情的樣子向他道謝，既會敷衍，又很世故。那一刻，我意識到自己已經沒有了真誠，沒有了坦率。擔任所長期間，我的這種乖巧表演不止一次。出國之後，我更是意識到，和臧克家如此「演戲」，完全破壞了自己的完整人格。

（三）丟失了「原則」。擔任所長之前，我從不因為利益而接受他人的禮物。偶爾的接受禮物，都是親人朋友之間的非功利往來。擔任所長之後，我卻不得不接受一些小禮物，接受後又因良心的壓力而給予回報。例如，某君給我送了大約一斤大蝦，而且在我家裏哭了一場，我立即答應給他的書稿《××××小說史》寫推薦信。我明知他的這本「×××× 小說史」只能算是一部小說資料書（八十年需要這種資料性質的書），不能算是一部具有真知灼見的「史書」，但還是把它當作「史書」，給人民文學出版社寫了過分熱情的推薦信。他要大房子，我也竭力為他奔忙，奔忙時老是想着他送給我的大蝦和他流下的眼淚。最後雖然拒絕了他提出的把他妻子調動到文學所的要求，但還是為他給高教部寫了推薦信（推薦《××××小說史》列為高校教材）。我常常為人情丟失原則，也常常把人道主義放在科學主義之上，和此君的關係就是一個例證。難怪我們家在吃着此君贈送的大蝦時，劍梅說：「爸，您要是當大官，說不定也是個貪官。」我笑而不答，不敢否認。

（四）丟失了「家庭」。擔任所長期間，我忙於工作，又不甘心丟失學術，結果忙得沒日沒夜，實在顧不了「家」。小梅先得了肝炎，之後小蓮也得了同樣的病。我知道其原因是家裏缺少清掃、消毒。可是，家裏除了我，誰能幹這些活呢？那時劍梅在北京二中讀高中，回家後想和我討論一些問題，我都推掉了。難怪我漂流出國後她很高興，說：「出國前父親雖在身邊，但不屬我們家。出國了，他丟失了祖國，我卻贏得了父親。現在父親可以和我們談學問、談人生了。」此時，我才意識到，為了當好所長，我曾丟掉家庭與孩子。

（五）丟失了祖國。如果不是因為這個所長，我作為一個普通知識分子，在八九政治風波中的被動表現不會有什麼事，既不會被「點名」，也不會被迫流亡。從「四人幫」垮台那一刻起，我就衷心地擁護鄧小平、胡耀邦的改革大業，時時準備為改革大業而獻身。我不希望在國家最好的時刻發生政治風波，因此也不會參與指向開明政府的任何政治行為。所以，《人民日報》譴責「動亂」的社論發佈之前，我沒有任何政治動作，也沒有任何政治表態。連北島為學生運動發起的第一次簽名活動，我也拒絕了。五月八日回國後，我參與一些「聲明」的簽字，但如果不是所長的「加碼」，頂多也就像文學所其他研究人員那樣，重新表個態就「過關」了，絕不至於被陳希同點名，也絕不會變得具有那麼重的政治分量而離開祖國走上流亡之路。因此，說到底，一切的「根源」全是一九八四年冬季我作出的那個錯誤的決定——接受「所長」桂冠。

到海外之後，我多次說，出國使我贏得三樣最重要的東西：一是自由時間，二是自由表述，三是完整人格。而出國之前，因為擔任所長，我的「自由時間」被行政割切了，「自由表述」受限制了，「完整人格」消失了。

第十章

「八九風波」中缺少「迴避政治」的清醒

二〇一五年，在香港科技大學留影。

對於一九八九年的政治風波，其是非曲直，得失功過，恐怕得等待歷史去作最後評價。我出國二十八年，從未透露過這次風波的細節，也不想對它作出自己的評價。我個人被動地參與了這次風波，當然要對此負責。該受什麼懲罰，我也認了；該作什麼評價，我也留待後人。在「自傳」中，我不想作任何解說，當然也不作任何自我辯護。但為了向自己負責，我必須寫下我的迷失和我的錯誤。這種錯誤，不是國內流行的那種庸俗的「認錯書」、「認罪書」，也不是「懺悔錄」，而是我對自身弱點的體認，也是我對政治和政治運動的認知。二十八年前，我是何等幼稚，明明不懂得政治，卻輕易捲入政治。

出國之後，我到的第一站是芝加哥大學東亞文化研究中心。老朋友李歐梵是中心主任，他接納了我。駐紮下來後，我第一個電話打給母親報平安，她知道我一切無恙，放心了。第二個電話打給錢鍾書先生。接電話的是錢先生的女兒錢瑗。錢瑗很熱情，知道是我的電話後，立即要去找她爸爸。我趕緊說，不要打擾錢先生，我只是報個平安。她回應說：你等等，我立即告訴他，問他有什麼話要說。過會兒，錢瑗在電話上告訴我：「我爸說：『你在海外要自己保重，千萬不要熱心政治。政治這個東西，不是我錢某能搞的，也不是你劉再復能搞的。』」掛下電話後，我久久地思索着錢先生說的話。過了幾個月，和我常有聯繫的香港天地圖書公司副總經理劉文良（我的族弟）在長途電話中告訴我，說他和公司老總陳松齡先生到北京去拜訪了錢鍾書先生，一進門坐下，錢先生就問：「你們知道再復的情況嗎？請告訴他，不要熱心政治。政治這東西不是我錢某能搞的，也不是再復能搞的。」這與錢瑗傳達的一模一樣。我明白，錢先生最放心不下的，是怕我到海外還熱心政治。其實，我本就厭惡政治，但「八九風波」中，還是被捲入政治，吃了政治的虧。到了海外，我頭腦清醒多了，再也不會沾上政治了。吃一塹，長一智，經過「六四」的教訓，我對政治的本質認識得比較清楚了：政治、政治，包括民主政治，也改變不了政治的基本性質，這就是權力的角逐與利益的平衡。政治、政治，時而用「革命」的名義，時而用「民主」的名義，時而用「自由」的名義。不管用什麼名義，如果再熱心政治，那真的是走火入魔，不可救藥了。

一九八九年整個春天，從四月到六月，那是我人生最痛苦的時期。我一直徘徊在學生與政府之間。一方面，覺得學生的「民主」要求，無可厚非；一方面，又覺得現在的政府是鄧小平改革總路線下的政府，也是我衷心擁護的政府。然而，雙方卻發生不可調和的衝突，我在衝突中莫衷一是，不知如何是好，痛苦極了。我是一九八九年五月八日回到北京的。那時的學生運動已進入高潮，《人民日報》確定運動為「動亂」的社論已經發表。因為我衷心支持中國共產黨的自我革新，又崇拜鄧小平與胡耀邦，因此並不支持學生的街頭鬧事，內心深處只求國家平安，改革事業繼續下去。後來因為是「名人」，較量的雙方都做我的工作（詳見《我的心靈史》），我才在五月間陷入泥潭，越陷越深。回憶這段經歷，首先想到瞿秋白，覺得他的《多餘的話》真實極了。一個從事文學的人，根本不是搞政治的「料」，卻被推上政治的尖頂。這完全是歷史的誤會。他說使用「犬耕」這一筆名，正是嘲諷自己從事政治就像狗拉犁，根本力不從心。

我覺得自己在「六四」中的表現正是「犬耕」似的一種拙劣表演。不管將來歷史對「六四」作何評價，我都會說：在這場風波中，我犯了一個極大的錯誤，那就是把自己變成一隻耕田的「劣犬」。民運激進人士余傑先生稱我為「劣馬」，太抬高我了，其實是「劣犬」，一隻完全被「群眾」擺佈、也被「精英」擺佈的「劣犬」。當然，經過這次教訓，我更加認清了自己，也知道自己該做什麼，不該做什麼。所以到國外後，我從「擁抱」（擁抱社會是非）轉為「冷觀」（只是冷眼看社會）。不僅遠離政治，而且遠離社會。在落基山下，我不僅遠離中國，而且遠離美國。我只需要一張平靜的書桌。

對於我個人而言，在「八九風波」中捲入政治，這是我人生中的第一大錯。北島發動第一次簽名運動時，我還躲開了，還對自己說，千萬不要捲入。五月回國後就守不住「不介入」的底線了。

出國之後，我又意識到，自己不僅政治能力很差，而且根本沒有政治智慧，連起碼的政治水平都缺少。例如，政治是需要「協商」、「妥協」、「相互讓步」的，也就是說，政治只需要理性，不需要情緒。情緒對於政治，沒有任何價值。因此，較量的雙方，不可能一方得一百分，另一方得零分。可是，「八九」對立的雙方卻不懂得這一點。五月十六日，我到天安門廣場，突然讓我講話。面對廣場眾多學生，我像一隻「呆鳥」，根本說不出這些道理，只空洞地歌頌學生的「精神」。今天，我想起在天安門廣場的那個瞬間，還感到羞愧，覺得自己臨場對學生說的那幾句鼓勵話都是錯的。

出國後，還意識到我的一個錯誤，就是在學生提出的各種口號中，我特別支持「肅貪反腐廉政」的主張。我覺得學生在這個層面上無論如何是對的，也因此，我調動了自己的政治熱情，站在學生的一邊。我覺得反貪、反腐就是正義，就應當支持。然而，當時我完全沒有想到，這種口號雖然具有感召力，卻完全沒有可操作性。它能爭取民心，包括執政黨內部的一些「黨心」，但它也是一個容易引起政治倒退的口號。保守勢力一定會利用「腐敗事例」大開政治倒車。這一點，我出國後冷靜下來才意識到，為此，我還用筆名在《知識分子》雜誌上談了這一看法。我說：

反對派的理論和實踐

反對派和學生在「六四事件」中向中共的政治挑戰，如果將它們分解為兩個部分，則對問題的澄清更為有益。第一部分是反對派和學生向中共提出的政治要求。由悼念活動的開始到戒嚴宣佈之前，透過請願、遊行、對話，反對派和學生向中共提出了諸多的要求，文辭不一，表述各異。但大體上包括了：（1）為學運正名；（2）肅貪廉政；（3）落實憲法第卅五條規定的公民權利；（4）如何推進改革。第二部分是反對派和學生為迫使中共作出上述政治讓步而採取的行動，它包括悼念活動、遊行、請願、靜坐、對話、絕食和佔據廣場。前者是反對派和學生期望達到的政治目的，後者是他們為實現提出的政治目的而採取的手段。

既然是公開的政治挑戰，那麼反對派和學生提出與執政黨目標不一的政治要求也是理所當然的。可是，問題不在於有沒有顯示力量的政治要求，問題在於這些政治要求本身的政治價值。從這點來觀察，它遠未達到成熟的政治反對派水平。這些要求有兩個特點，具有抓住民心的感召力而缺乏推進制度轉軌的可操作性。比如，第一項為學運正名。正如大家知道的那樣，中共在「四．廿六」社論給悼念活動戴上了「動亂」的帽子，但作為一項政治上的響應，針鋒相對地為自己正名是否明智呢？要自己的政治對手來為自己的政治行動恢復道德聲望，這到底是不同政見的派別的較量，還是大家庭內不同輩分的「鬥氣」？反對派和學生既然深信自己的事業是正義的，為什麼還要依賴政治對手來給自己最後確證？當然，我也知道反對派和學生「醉翁之意不在酒」。假如中共讓步，摘掉了「動亂」帽子，名正則言順，核心人物可以免除日後的政治迫害，學運中產生的組織也得以從地下「出土」。但是，這種純屬正當的政治要求，包裹在道義的正當性外衣裏面的政治技巧，是否說明反對派本身對中共的治統，還真的有些「膽怯」？是否說明反對派還缺乏成熟的政治較量的概念？他們認為，一面學生大規模絕食，另一面提出正名的要求，迫中共在道義上低頭，以為這樣就會令中共進退維谷。但是，他們想錯了。如果不是因為對中共缺乏認識，就是因為對如何謀求民主的實現，缺乏準備。也許兩者兼而有之。

再說肅貪廉政的要求，它同樣徒具感召力而缺乏可操作性。肅貪廉政，在中國是一個富有傳統魅力和收拾人心的口號，但又是一個容易引起政治倒退的口號。第一點很好理解，因為誰都不希望有一個貪污的上司和一個腐敗的政府。第二點則不好理解，說來話長，簡單地說，不同的制度有不同的肅貪廉政機制。在中國，這種機制來自黨。所以，一說肅貪廉政，不僅會引起下層群眾的呼應，還會引起上層保守勢力的呼應，他們接過這個口號，利用黨對社會生活的控制，回收各項已下放的權力，在維護「黨天下」的同時肅貪廉政。事實上，「六四」之後中共已經成功地這樣做了。反對派和學生當初打出肅貪廉政的口號，顯然是為了「喚醒」市民，博取他們的歡心，同時證明自己正義和良心。但是，他們對這個口號的政治副作用則沒有充分的認識。作為一項政治要求向對手提出，必須具有可操作性，才有達成妥協的基本前提。對執政黨提出肅貪廉政，必然帶有若干指控成分，否則只是政策性的建議而不是政治要求。但對執政黨腐敗的指責，必須建立在事實基礎上，而不能捕風捉影，「事出有因，查無實據」，更不能把對社會制度的反感和厭惡的情緒轉化成對執政黨道義的攻擊。戒嚴前兩次對話表明，反對派和學生提出肅貪廉政作政治要求，除了徒具虛名的作用外，從頭到尾都是一次無知和失敗的嘗試。

第十一章

著述書寫中的疏漏與錯誤

二〇一一年夏天，在九寨溝。

除了參與社會而犯錯誤之外（參與社會便進入社會的共犯結構），我作為一個讀書人與著書人，還在書寫中留下許多疏漏與錯誤。

我發表的文章、出版的著作，總字數在一千萬以上。由於創作量太大，又加上近三十年到處漂泊，手邊常常缺乏資料，因此，文章發表或新書出版之後，常常有一些疏漏與錯誤。

每次讀自己剛發表的文章或剛出版的新書，發現文中的錯誤，總是很不高興。有時是不安，有時是生氣，有時是慚愧，有時是喊冤。最後這一項是因為本來不該錯的（自己早已熟知的），結果也錯了。

造成錯誤的原因，有自己，有合作者，有錄入者，有編輯部，但出現在自己的文中、書中，一切都應由自己負責，即使是他者造成，我也應當承擔。因此，每次收到指出錯誤的書信，我都覺得特別寶貴。對於這些認真閱讀的讀者，我也特別感激。

有人把文章與著作中的錯誤，稱為「硬傷」。我的硬傷，往往是因為想當然，自以為是，例如《巨人傳》為「拉伯雷」所著，《十日談》為薄伽丘所著，這是我早已知道的。但是，一進入匆忙書寫，就變成「我喜歡拉伯雷的一句話……所以才有《十日談》的誕生。」當北京三聯書店副總鄭勇兄把陶宏寬先生（武漢市漢陽區）的糾正信轉發給我時，我才發現自己無意中的張冠李戴。陶先生告訴我，此錯出現在《天涯悟語》一書的第三百三十頁第三百五十九則。我真的感謝陶宏寬先生的認真閱讀，讓我今天有機會加以糾正。

我的記性本來比較好，讀書時代（小、中、大學）的記性常受老師、同學誇獎。但是，一九六五年在江西「四清」時，因救火用力太猛太急，暈倒在地上，被抬往小鎮的醫院急救，人是醒過來了，也無大病，但從此開始記性衰退。記性衰退本可以用勤勞、刻苦來補救，但因為懶惰，未下核實功夫，又造成許多錯誤。例如《璞玉》一文中，我寫老師鄭朝宗先生的故事，竟把他培養了四個「碩士研究生」誤寫為「博士研究生」，與事實不符。這種錯誤本可以避免，但還是發生了。這只能怪自己「粗心」。

有些錯誤，圖書再版時可以糾正，有些則只能永遠留下遺憾。有些則被「論敵」抓住辮子狠狠加以攻擊。最典型的例子是我在替高行健辯護時寫的《駁顧彬》一文，發表於《明報月刊》。德國學人顧彬先生一再攻擊高行健獲得諾貝爾文學獎，之後又攻擊莫言。他先是嘩眾取寵地把中國當代文學說成一堆「垃圾」，然後又用洋教師爺的口吻教訓中國作家，說中國作家的問題是「不懂外文」。聽到他這些奇談怪論，我心裏很難受。與顧氏的妄斷相反，我恰恰認為，八十年代和其後二十年的中國文學很有成就。一是這三十年文學起點高；二是多數作家擁有自己的創作理念和創作文體，已改變一九四九年後三十年的概念化格局，怎可用「垃圾」二字一棍子打死？！教訓中國作家不懂外文更無道理，我不知道荷馬、但丁、莎士比亞、托爾斯泰懂得多少外語，但他們的成功是因為外語嗎？我知道中國作家從屈原、杜甫、蘇東坡到曹雪芹都只懂得漢語，並不懂得英文、俄文等。現代作家中沈從文、汪曾祺等也不懂得「外語」，但可以因此而否認他們的成就嗎？到日本留過學的中國作家很多，以魯迅的成就最為卓越，然而魯迅的成就並非日語的成功，而是現代漢語的成功，即其深刻思想和非凡才華的成功。對於顧氏的胡說八道，我本就不滿，再加上他抓住高行健、莫言不放，處處攻擊，我更受不了。因此，在嶺南大學他再次發難時，我就不得不仗義執言了。出國後我只寫「溫柔敦厚」的文字，不寫「金剛怒目」的文章，這次破了例，開夜車，只用一個晚上就寫出近萬字的駁顧彬文章。因寫到最後頭腦發脹，說道：顧氏哪能算是來自產生偉大哲學家的德國的學人呵。寫到這裏，我隨手列了幾個熟悉的哲學家名字，竟然把斯賓諾莎名字也寫下了。對於斯賓諾莎，我在自己已有的文章著作中多次提到他。在早已出版的《紅樓哲學筆記》（北京三聯書店二〇〇九年七月）一書中，特別寫了《曹雪芹與斯賓諾莎的泛神論》一節。在此節文本中，我說明了斯賓諾莎出生於一六三二年荷蘭阿姆斯特丹。文章如此敘述：

如果王國維當年對歐洲哲學的理解不是局限於康德、叔本華，而是還能注意到生活在十七世紀的斯賓諾莎（出生於一六三二年荷蘭阿姆斯特丹），而且又能把斯賓諾莎和曹雪芹聯繫起來思索，那將會對《紅樓夢》的哲學獲得一些更新的認識，至少會發現兩人在哲學方法與哲學思想上均有相通之處（曹雪芹出生於一七一五年，即在斯賓諾莎一六七七年去世後的第三十八年出生），甚至會像郭沫若把莊子與斯賓諾莎連在一起那樣而把曹雪芹與斯賓諾莎放在一起思考，從而發現他們都是泛神論者，即把自然視為神，把神視為自然。十六世紀中葉至十七世紀，歐洲出現了培根（一五六一至一六二六）、笛卡兒（一五九六至一六五〇）、霍布斯（一五八八至一六七九）等具有全新宇宙觀的哲學家，也出現了布魯諾（一五四八至一六〇〇）、波墨（一五七五至一六二四）等泛神論者，斯賓諾莎和他們一樣，否認人格神上帝的存在，否認天使的存在，認定上帝就在自然之中。他在其代表作《倫理學》（該書中譯本由商務印書館出版，一九八三年，賀麟譯）中把實體、神、自然、宇宙四者等同起來，強調作為萬物本源的神就是自然。泛神論既是無神論，又是有神論，但歸根結底是無神論。說它是無神論，是因為它否認一個具有絕對意志和絕對理智並凌駕於人類和自然之上的人格神。說它是有神論，是因為它也推出一個無所不在的創造萬物的神聖存在，這就是宇宙的本體，就是大自然與大宇宙的和諧共在秩序。他把神泛化到宇宙、自然，也泛化到人自身與物自身。他如此定義神：「神，我界說為由無限多的屬性所構成的本質，其中每一種屬性是無限的，或者在其自類中是無上圓滿的。這裏應當注意，我把屬性理解為凡是通過自身被設想並存在於自身內的一切東西。」（引自《斯賓諾莎書信集》洪漢鼎中譯本，商務印書館，一九九六年，第五頁）仔細閱讀這段話，就會發現，這一對神的界說幾乎也是曹雪芹對神的界說。斯賓諾莎的泛神論，上個世紀二十年代曾被充分注意。郭沫若在《女神》中謳歌「三個泛神論者」是莊子、斯賓諾莎（郭譯為斯皮諾莎）及印度佛教之前的優婆尼塞圖。郭沫若還說明，他之所以會接近歌德，其重要原因也是因為歌德具有泛神論思想。

引述這段文字，是為了說明，我當然知道斯賓諾莎是寄寓於荷蘭的哲學家，也一直把他當作荷蘭哲學家。我還知道，他是猶太人，只是隱居於「荷蘭」而已，並知道十七世紀的歐洲，民族國家正在形成中，其歸屬常常動盪，就以斯賓諾莎出生的阿姆斯特丹而言，他去世時已改名為「紐約」，因為它屬英國。但我並未把斯賓諾莎歸入德國。那天深夜，我為朋友執言而亢奮，未經縝密思索，就把斯賓諾莎寫入德國了。如果是一個善意的學人或一個善良的正常人指出我的「錯誤」，我會非常感激。但是，顧彬在中國的一位「摯友」，常在網上寫大字報式文章、自稱「清華大學教授」的人，卻抓住我的這一根頭髮，寫了《誰是騙子》的文章，說我把斯賓諾莎送給了德國，所以騙子不是顧彬而是劉再復。此君何許人也？我一點也不清楚。他的說法，引起我的許多友人的憤怒，他們在網上也辱罵他為「清華禽獸」、「德國叭兒（狗）」、「網絡扒手」等等。我已多年未曾涉足中國內地文壇、網壇，這回的對罵真把我嚇住了。網絡世界這麼骯髒嗎？我不敢相信。本來我想溫和地解釋一下自己的錯誤，結果也因為害怕被弄得滿身骯髒而作罷。就在這個時候，一位已退休的中國人民大學歷史學教授米辰峰站出來說，把斯賓諾莎歸入德國，這也沒有錯。他還展示了兩幅歐洲地圖，說十七世紀的荷蘭不叫荷蘭，斯賓諾莎住在阿姆斯特丹的德語區，也可以說他是德國哲學家。德國有大德國與小德國之分，斯賓諾莎本就不是小德國人與小荷蘭人，而是猶太人。

米辰峰教授還批評我對顧彬使用暴力語言，說話太狠（這一點我倒是覺得批評得好！）。米辰峰教授出場之後，我除了仍然認為把斯賓諾莎寫入德國是個錯誤之外，還思考自己以「金剛怒目」面對顧彬是否妥當。所以我在回答《南方週末》記者夏榆先生的訪問時就說，以後不再寫「金剛怒目」式的文章了。

對於別人的批評，我從不「因人廢言」。既然以「崇尚真理」為第一品格，那麼，不管什麼人指出我的錯誤，我都應當為「真理」而改正。儘管我很不喜歡顧彬，當然也不會喜歡他的「摯友」肖鷹，但我只面對真理。所以至今讓我探討的仍然是斯賓諾莎的國籍歸屬問題，正如卡夫卡的歸屬問題一直折磨着我，而肖鷹的謾罵與侮辱，我卻早已放下，根本說不上「仇恨」。

第十二章

共同犯罪與懺悔意識

二〇一一年，與摯友林崗在德國相聚。

一九八六年，我和《文學評論》的同事們舉辦「新時期文學十年全國研討會」，在作會議報告時第一次提出「懺悔意識」的概念，批評新時期文學（一九七七至一九八六年）「譴責有餘，懺悔不足」。出國之後，我與林崗教授又合著《罪與文學》，把「懺悔意識」作為全書主題進行論證，並以此主題為參照點，對中國古代文學和現當代文學作了一次總體性批評。在「懺悔意識」的論述中，我和林崗提出了「共犯結構」、「共同犯罪」、「無罪之罪」等新概念。所謂懺悔意識，乃是確認在以往的歷史錯誤中自己的一份道德責任即良知責任，也就是無意中進入大時代造成的「共犯結構」之中而不自知，但要確認自己也有「參與」的責任，此一責任不是法律責任，而是良知責任。例如巴金的《真話集》，他作為文化大革命的受害者，其散文集主題不是追究誰是文革的兇手，也不是分清文革的正邪力量，而是敘說在這一歷史錯誤中自己應承擔的道德責任。我認為中華民族的改革與自我更正，就應當從正視自己的錯誤開始。

我寫作《五史自傳》，特別寫了這一部《我的錯誤史》，這一歷史的主題，也是展開我進入大時代的共犯結構之中，也是對良知責任的體認。追捕麻雀、砍伐樹林、個人崇拜等等，都是時代性錯誤，即都是中國人的共同犯罪。然而，我也參與了。我在創造錯誤時代中也有一份責任，這便是主題。

我覺得，人生固然有「歡樂」遊戲性的一面，但也有「奮鬥」嚴肅性的一面。而所謂嚴肅，就在於能夠正視人生中的錯誤。我覺得自己一生中的錯誤有兩種：一種是進入「共犯結構」的集體性錯誤；另一種是自身行為（如寫作）的個體性錯誤。兩者我都觸及，即兩個方面我都有錯誤。

由於記憶的原因，我未能徹底地清查與表述自己的錯誤，在《故鄉大森林的輓歌》（散文詩）中，我曾說：我們這一代人，是罪惡的一代，是充滿錯誤的一代。

> 我們這一代，人生伴隨着貧窮與恐懼，也伴隨着野蠻與瘋狂。我們這一代，粗野，好鬥，嗜殺，充滿錯誤，罪行累累。每個人的心中都藏着一部罪惡

錄，那裏有別人留下的傷痕，也有自己給別人留下的傷痕。

可是，我要為我的同一代人辯護，因為我們吃進去的精神糧食，不僅粗糙，而且全是帶着火藥味的僵硬詞句，渾身都帶着語言的病毒。鉛字是有毒的。而我們的腸胃卻裝滿鉛字和概念，鉛字在腹中燃燒，概念在體內膨脹，沒有砍殺的宣泄，我們就會悶死。

我對自己說，「你的懺悔必須進行雙重懺悔」，即一是集體性懺悔，這是「與民族共懺悔」，也是「與時代共懺悔」（與同一代人的懺悔）；二是個人化懺悔，後者則是你自己在寫作中或在個人的行為中犯下的錯誤。錢鍾書先生一再告誡我：「我們的頭髮一根也不要被魔鬼抓住！」不錯，個人的錯誤一旦被抓住，就會成為攻擊、詆毀、中傷的目標，這是無可逃遁的。但錢先生僅是從防備的角度警告我。我自己還明白：文章千古事。我寫下的每一句話，都應當為歷史負責，為人民、人類負責，如果寫錯了，就會貽誤千秋後代。所以也應當趁着寫作自傳的時候，加以正視。不顧面子，只顧後一代。

我的《五史自傳》就要結束了。結束在對錯誤的確認中。回顧自己走過的路，有曲折，也有創造。有創造，也有錯誤。這很正常。《西遊記》的結尾處，孫悟空勸慰傷心的師傅（唐僧）說：「天地不全」。這一偉大哲學一直啟迪我：何止天地不全？難道神與「人」就可能完全嗎？不可能！我作為一個人，太明白自己並非全人。說人與天地不全，這才是真理。

二〇一九年在香港科技大學與外孫 Alan 交談（李佩樺攝）